생명 예배

예배의 영성, 그 회복을 위하여
생명예배

초판 제1쇄 2008.3.14.

지은이 | 이강천
펴낸이 | 정성민
펴낸곳 | 푸른초장

등록번호 | 제387-2005-00011호(2005년 5월 17일)
소재지 | 부천시 소사구 심곡본동 743-14, 101호
　　　　TEL 032) 655-8330(푸른초장), 010-6233-1545
출판유통 | 하늘유통 031) 947-7777, FAX 031) 947-9753
인쇄처 | 우림문화사

책값은 뒤표지에 있습니다.
ISBN 978-89-92817-18-9　　03230

독자의 의견을 기다립니다.
sungjeong@hotmail.com

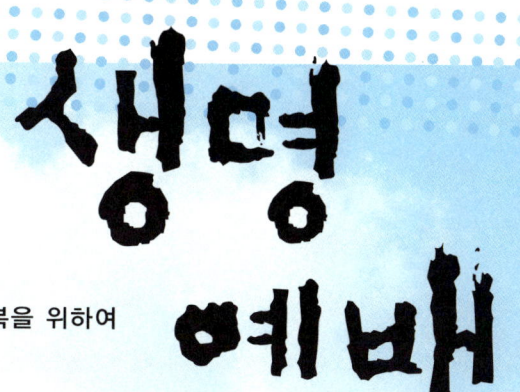

생명 예배

예배의 영성, 그 회복을 위하여

이 강 천 지음

부록 : 제자 삼는 제자 만들기

푸른초장

머리말

"전도가 안된다. 교회성장이 너무 어렵다." 이것이 오늘날 한국교회의 현실인 것 같습니다. "과연 한국교회는 더 이상 부흥하고 성장하는 일이 불가능한 것인가?" "예배는 형식화되고 화석화 되고 있다. 예배가 재미도 없고 감격도 없고 의미도 없다." 이러한 이야기들이 심심치 않게 회자되는 것도 한국교회의 현실인 듯합니다. "과연 성도들은 하나님을 만나는 감격으로 주일이 기다려지고 목사들은 터져 나오는 메시지로 인하여 주일이 기다려지는 예배는 불가능한 것일까?" 이것은 바나바훈련원이 시작될 때부터 안고 씨름하고 있는 과제입니다.

여기서 중요한 것은 교회의 리더십이었고 그 중에서도 목사의 영성이 가장 중요한 과제임을 인식하고 목회자 영성훈련에 힘써 보았습니다. 목사의 영성이 살면 교회가 살아나고 예배도 감격이 있고 새신자도 생기고 부흥과 성장도 조금씩 나아지는 것을 경험하게 되었습니다. 결국은 영성의 문제였습니다. 그러나 다음 과제가 발견되었습니다. 목사만 바뀌어서는 그가 모든 신도를 바꿔나가는 데는 많은 시간이 필요하고 가다가 지치는 경향도 발견되었습니다. 그리하여 평신도 훈련을 강화시킬 필요를 느꼈고 목사와 동일한 영성과 비전을 함께 품고 나아가는 성도들을 위한 평신도 훈련 사역을 점점 확대해 나가고 있습니다.

동시에 영성을 회복하고 강화할 뿐 아니라 교회와 사역의 시스템을 개발하고 적용하도록 해야 할 필요를 절감하게 되었습니다. 교회 성장은 학자들이 공감하는 것과 같이 시스템과 영성이 조화를 이루어야 하기 때문입니다. 그리하여 우리 훈련원에서는 2단계 훈련으로 사역갱신학교를 열고 시스템 개발에 힘써 나가기 시작했습니다.

이러다보니 이제 기초가 되는 영성과 비전에 대하여 공감대를 형성하기 위하여 이들 교육내용을 책으로 정리하여야 할 필요를 느끼게 되었습니다. 이번에 우선 영성과 비전의 기초적인 교재로 4권의 책을 묶어 내게 되었습니다. 「전략적 중보기도」, 「생명예배」, 「성령사역으로의 초대」, 「세계를 움직이는 영성」이 바로 그것입니다. 저는 이 책들을 통해 한국교회의 목회자들과 평신도들이 예배의 영성을 회복하길 원합니다. 또한 세계복음화의 비전을 품으며 움직이고 살아있는 영성을 추구하길 바랍니다. 교회마다 성령의 능력과 은사가 나타나며 특별히 치유의 역사가 나타나길 바랍니다. 전략적인 중보기도를 통해 지역사회에 역사하는 악한 영들을 물리쳐 닫힌 전도의 문을 열게 되길 바랍니다. 조국교회의 부흥과 세계 선교운동에 보탬이 되고 싶습니다.

2008년 2월 8일

이 강 천

들꽃

들꽃이 무엇으로
님을 기쁘게 하오리까

장미꽃처럼 탐스러움도
국화꽃처럼 향그러움도
없는걸요

무화과처럼 달콤하지도
사과꽃처럼 열매맺지도
못하걸요

아아…
웃으라시네
어린아이 모습을 하고
거져
웃기만 하라시네

차례

- 머리말 4
- 프롤로그 10

:: 01 살아있는 예배를 위한 **찬양**　　　14

천상의 예배 | 찬송 중에 거하시는 하나님 | 예배로서의 찬양 | 찬양의 성장 | 신령과 진정으로 | 찬양예배를 위한 조언

:: 02 살아있는 예배를 위한 **기도와 헌금**　　　34

기도예배 | 구약의 기도 (향불제사) | 대표기도의 틀 | 주기도문을 적용한 예배기도의 예 | 목회기도의 원리 | 축도의 원리 | 헌금 예배 | 헌금의 기본 | 헌금 예배의 자세

:: 03 살아있는 예배를 위한 **설교**　　　56

예배행위로서의 설교 | 설교의 기능 | 예언자의 원리 | 에바다의 원리 | 대언의 원리 | 묵상의 원리 | 권위의 원리 | 성령의 원리 | 생명의 원리

생명 예배
예배의 영성, 그 회복을 위하여

:: 04 **생동감 넘치는 설교**   84

강해설교란 무엇인가? | 강해설교 준비의 3대원칙 | 강해설교의 준비 과정

■ 에필로그 131

부록: 제자 삼는 제자 만들기

:: 01 **제자 삼는 제자를 만들라**   138

목양위임 | 위임 | 제자화 사역 | 만인 제사장직 | 평신도의 중요성 | 재생산(배가)의 원리 | 지상명령 뒤집어 보기 : 제자 삼는 제자

:: 02 **초대교회를 회복하라**   160

코이노니아 원리 | 그 분의 형상 | "우리" 이미지 | 파괴된 코이노니아 | 회복된 코이노니아 | 미션의 원리 | 증식의 원리 | 번성, 기하급수적 증식 | 영적 인구의 증식 셀 시스템이해 | 교회의 두 구조 | 셀 시스템의 몇 가지 형태

프롤로그

　이 책의 주제는 예배갱신입니다. 살아있는 예배를 드림으로써 예배를 새롭게 하자는 것입니다. 성도들이 주일을 기다릴 정도로 예배가 즐겁고, 목사 역시 터져 나오는 메시지를 주체할 수 없어 주일을 기다리는, 그야말로 살아있는 예배를 이루어내자는 것입니다. 그렇다면 어떻게 해야 이러한 살아있는 예배를 드릴 수 있을까요? 그러기 위해서는 몇 가지 예배의 원리를 살려야 합니다.

　예배갱신을 위한 제일 첫 번째의 원리는 목사가 예배 인도자가 되기 전에 예배자가 되는 것입니다. 저는 목회를 하고 있지 않아서 다른 교회에서 설교 초청을 받지 않는 날에는 어느 교회든 방문하여 평신도처럼 예배드리는 날이 종종 있습니다. 하루는 훈련원 가까운 교회에 평신도로서 참석하였습니다. 예배가 진행되고 일어나서 찬송을 하고 있는데 하나님께서 책망하시는 듯 했습니다.

"너, 지금 나를 찬양하고 있는 것이냐?"

이런 음성을 들으며 내 자신을 살펴보니 찬송을 부르기는 하는데 건성이고 팔도강산을 돌아다니며 딴 생각을 하고 있는 것이었습니다. 그때 이런 질문이 제 자신에게 다가왔습니다.

"네가 지금 예배를 인도하고 있다면 큰 소리로 찬송을 부르고 있지 않겠느냐?"

그러면서 그 동안 예배를 드리면서 내가 찬송을 크게 부른 것은 단지 예배를 인도하기 위한 것이었을 뿐, 진정으로 하나님을 예배하기 위한 것이 아니었다는 생각이 들었습니다. 지금까지 예배 인도자로서는 찬송도 하고 기도도 하고 설교도 하였으나 예배자로서는 엉터리였다는 것입니다. 우리 목사들은 대부분 이러한 죄에 빠집니다. 자기가 예배를 인도할 때는 큰 소리로 찬송도 하고 설교도 합니다. 그런데 부목사가 예배를 인도할 때는 찬송도 부르지 않고 설교도 듣지 않는 경향이 많습니다. 그 때 주님이 말씀하셨습니다.

"예배갱신을 가르치는 자여 네가 먼저 예배자가 되라!"

목회자들이 예배자로 서는 날 주님은 예배 가운데 오실 것입니다. 예배 인도자인 목사는 예배자로서는 부족한 부분이 많음을 깨닫고 예배자로 주님께 나아가는 훈련을 하여야 할 것입니다.

01

살아있는 예배를 위한 찬양

주님을 진정으로 예배하는 일에 좀더 가까이 나아가야 합니다. 찬양 그 자체가 곧 예배라는 인식을 가져야 합니다. 찬양은 단순히 예배를 준비하는 과정이 아니라 예배 자체요, 예배의 본질입니다.

01 살아있는 예배를 위한 찬양

천상의 예배

천상의 예배는 모두 찬양으로 구성되어 있습니다. 요한계시록에는 하늘나라의 모습이 일부 계시되고 있는데, 그 모습은 찬양하며 예배하는 광경입니다. 우리가 보통 천사장으로 이해하는 네 생물이 거룩하시고 영원하신 하나님을 찬양하며 노래하고 있는 것을 볼 수 있습니다. 또한 이십사 장로들이 화답하며 찬양합니다. 통상 이십사 장로는 전체 성도를 대표한 성가대와 같습니다. 천상에서는 장로들이 성가대의 역할을 합니다. 그리하여 하나님의 영광을 찬양하고 있습니다.

8) 네 생물이 각각 여섯 날개가 있고 그 안과 주위에 눈이 가득하더라 그들이 밤낮 쉬지 않고 이르기를 거룩하다 거룩하다 거룩하다 주 하나님 곧 전능하신 이여 전에도 계셨고 이제도 계시고 장차 오실 자라 하고 9) 그 생물들이 영광과 존귀와 감사를 보좌에 앉으사 세세토록

사시는 이에게 돌릴 때에 10) 이십사 장로들이 보좌에 앉으신 이 앞에 엎드려 세세토록 사시는 이에게 경배하고 자기의 면류관을 보좌 앞에 던지며 가로되 11) 우리 주 하나님이여 영광과 존귀와 능력을 받으시는 것이 합당하오니 주께서 만물을 지으신지라 만물이 주의 뜻대로 있었고 또 지으심을 받았나이다 (계 4:8-11).

또한 천상에서는 온통 찬양예배인데 수많은 천사들이 찬양하고 이에 만물이 찬양으로 화답하는 모습이 전개되고 있습니다.

11) 내가 또 보고 들으매 보좌와 생물들과 장로들을 둘러선 많은 천사의 음성이 있으니 그 수가 만만이요 천천이라 12) 큰 음성으로 가로되 죽임을 당하신 어린 양이 능력과 부와 지혜와 힘과 존귀와 영광과 찬송을 받으시기에 합당하도다 하더라 13) 내가 또 들으니 하늘 위에와 땅 위에와 땅 아래와 바다 위에와 또 그 가운데 모든 만물이 가로되 보좌에 앉으신 이와 어린 양에게 찬송과 존귀와 영광과 능력을 세세토록 돌릴지어다 하니 14) 네 생물이 가로되 아멘 하고 장로들은 엎드려 경배하더라 (계 5:11-14).

그런가 하면 구원받은 성도들이 흰옷 입은 무리를 하고 구원의 주 하나님 어린양 예수님의 영광을 노래하며 찬양하고 있습니다.

9) 이 일 후에 내가 보니 각 나라와 족속과 백성과 방언에서 아무라도 능히 셀 수 없는 큰 무리가 흰 옷을 입고 손에 종려 가지를 들고 보좌 앞과 어린 양 앞에 서서 10) 큰 소리로 외쳐 가로되 구원하심이 보좌에 앉으신 우리 하나님과 어린 양에게 있도다 하니 11) 모든 천사가 보좌와 장로들과 네 생물의 주위에 섰다가 보좌 앞에 엎드려 얼굴을 대고 하나님께 경배하여 12) 가로되 아멘 찬송과 영광과 지혜와 감사와 존귀와 능력과 힘이 우리 하나님께 세세토록 있을찌로다 아멘 하더라 (계 7:9-12).

천상의 예배는 찬송의 노래와 시로 구성되어 있습니다. 그렇다면 찬양은 그 자체가 예배의 본질이요 영원한 예배의 모형입니다. 그러므로 찬양을 예배의 중요한 자리로 회복시키는 것이 예배갱신에 중요한 한 몫이 될 것입니다. 진정으로 찬양을 드리면서 하나님을 만나는 예배가 되어야 할 것입니다. 이 천상예배에서 예배의 원리를 발견해 봅시다.

첫째로 예배란 하나님의 하나님 되심에 대한 경의를 표하는 것으로, 그분을 섬기고 그분께 영광을 돌려 드리는 행위라고 할 수 있습니다. 거룩하신 하나님, 전능하신 하나님, 영원하신 하나님, 창조주 하나님, 구속의 주 하나님, 하나님의 하나님 되심과 위대하심을 노래하며 찬미하는 것이 예배입니다. 그렇다면 이 같은 것을 직접 표현하는 찬송은 예배의 중심이 되는 것입니다.

둘째로 예배자의 자세는 엎드려 경배하는 자세입니다. 이십사 장로들이 주 앞에 엎드려 경배하며 찬양하였습니다. 면류관을 내려놓고 경배하였습니다. 면류관 받을 자격도 없다는 표시이겠지요. 천사들이 엎드려 경배하며 찬미하였습니다. 겸손과 낮아짐으로 오직 주님만 높이는 자세입니다.

셋째로 예배의 내용은 하나님의 하나님 되심 즉 거룩하심, 전능, 영원하심과 우리의 창조주 되심과 구세주가 되심을 찬미하며 영광과 존귀와 경의를 주 하나님과 구주 예수님께 바치는 내용이지요.

그러므로 찬양을 예배의 자리로 바로 세우고 '찬양이 넘치는 예배'가 되도록 하여야 하겠습니다. '찬양이 넘치는 예배'라 하니까 교회마다 찬양단을 조직하고 젊은이들이 기타 치며 드럼 치며 빠른 박자의 복음송을 부르기만 하면 찬양이 세워지고 살아나는 것으로 생각하면 안 됩니다. 찬양이 중요하다고 하면 젊은이들이나 그런 성향을 가진 사람들의 카타르시스를 위하여 찬양을 사용하는 것으로 착각하는 경향이 있습니다. 그러나 난순이 산양난을 운영한다고 해서 그 교회가 찬양을 중요시 한다고 착각해서는 안 됩니다. '찬양이 넘치는 예배' 란 소수 또는 일부가 찬양을 많이 부르게 한다는 것을 의미하는 것이 아니라 예배 자체가 찬양예배가 되도록 한다는 것입니다.

 담임목사가 함께 찬양하고 주님을 높이며 감격하는 그러한 찬양예배 말입니다. 그러니까 예배 안에서 찬양의 자리를 세우고 찬양을 회복하여야 한다는 말이지요. 성도들만 찬양하라는 태도로 목사는 나오지도 않고 있다가 뒤에 나와서 종치고 예배를 시작하면, 예배 시작 전에 부른 찬양은 예배가 아닌 취미활동 내지 심리활동에 불과한 것밖에 되지 않습니다. 예배에 찬양의 자리를 회복하게 하여야 합니다.

찬송 중에 거하시는 하나님

 우리가 진심으로 하나님을 찬양할 때 우리는 하나님이 찬양예배 가운데 임재하심을 체험하게 됩니다. 성경은 말합니다.

> 이스라엘의 찬송 중에 거하시는 주여 주는 거룩하시니이다(시 22:3).

 하나님이 우리를 지으신 것은 하나님을 찬송하게 하시기 위함입니다. 그러기에 주님은 우리의 찬송을 즐겨 받으시며 찬송

가운데 임재하십니다. 시편 47편 52절에는 우리 찬송 중에 하나님이 올라가신다는 반대의 표현을 쓰고 있습니다. 그렇다면 하나님이 찬송 중에 먼저 내려오셨다는 것을 전제하는 것입니다. 이 말은 우리의 찬송 중에 하나님이 높임을 받으시고 영광을 받으신다는 것입니다.

> 하나님이 즐거이 부르는 중에 올라가심이여 여호와께서 나팔 소리 중에 올라 가시도다(시 47:5).

하나님은 찬송 중에 오시고 영광 받으십니다. 우리의 예배가 새로운 것은 새롭게 하시는 주님을 만나기 때문입니다. 찬송 중에 임하시는 하나님을 만나는 그러한 예배가 되어야 할 것입니다.

한번은 우리 훈련원에서 찬양예배를 드리고 있었습니다. 인도자가 일어나서 찬송하자고 하자 모두 일어나서 찬송하게 되었습니다. 잠시 후 모두 손을 올리고 찬양하자고 제안하였습니다. 그래서 모두가 두 손을 들고 찬양하였습니다. 찬양예배가 끝나자 한 목사님이 간증하고 싶다고 하였습니다. 그 목사님은 평소에 어깨 디스크 환자로 고생하였다는 것입니다. 그런데 일어나시 찬양하사 아버서 일어났고 손을 들고 찬양하자 하시기에 손을 들어 올리게 되었다고 합니다. 그런데 전혀 아프지 않고 이제는 자유롭게 어깨를 사용하게 되었다고 간증하는 것이었습니다. 찬송 중에 임하신 하나님이 찬양에 집중하고 있는 목사님을 만져 주신 것입니다. 이러한 일이 종종 일어납니다. 사모님 한분도 똑같은 간증을 하게 되었습니다. 그리고 찬양예배를 통하여 많은 내적 치유가 일어나는 것도 주님의 임재로 말미암은 축복입니다. 찬양의 영성이 살아나게 하십시오.

예배로서의 찬양

그러므로 이제 찬양의 자리를 찾아야 할 것입니다. 찬양은 예배입니까? 아니면 단지 예배 준비일 뿐입니까? 찬양은 예배 그 자체가 되어야 합니다. 오늘 예배갱신을 논함에 있어서 무슨 대단한 예배 신학을 다루려 하는 것은 아닙니다. 그런 것들은 신학교에서 너무 많이 배웠습니다. 우리는 예배학을 하는 자가 아니라 예배자가 되어야 합니다.

주님을 진정으로 예배하는 일에 좀더 가까이 나아가야 합니다. 찬양 그 자체가 곧 예배라는 인식을 가져야 합니다. 찬양은 단순히 예배를 준비하는 과정이 아니라 예배 자체요, 예배의 본질입니다.

찬양은 그 자체가 예배의 본질이요
영원한 예배의 모형입니다.
그러므로 찬양을 예배의
중요한 자리로 회복시키는 것이
예배갱신에 중요한 한 몫이 될 것입니다.
진정으로 찬양을 드리면서
하나님을 만나는 예배가
되어야 할 것입니다.

Living Worship

에베소서 1장 3-14절에 보면 찬양의 중요성과 그 의미가 더욱 분명해 집니다. 본문의 말씀은 우리를 구원하시고 복 주신 하나님을 찬송하라고 하십니다. 성부 하나님이 우리의 구원을 계획하신 것은 그의 은혜를 찬미하게 하려는 것이라고 합니다. 예수 그리스도께서 십자가에 보혈을 뿌리사 우리의 구속을 이루신 것 역시 하나님의 영광을 찬송하게 하려 하신 것입니다. 또한 성령께서 우리의 구원을 인 치시는 것도 그의 영광을 찬미하게 하려는 것이라고 말씀하십니다.

삼위일체 하나님이 우리의 구원을 작정하시고 성취하시는 것은 다 하나님의 은혜와 영광을 찬양하게 하려는 것이라고 말씀하십니다. 그러므로 예배에서 찬양은 그 자체가 예배요, 하나님을 영화롭게 하는 행위가 되어야 합니다.

> 3) 찬송하리로다 하나님 곧 우리 주 예수 그리스도의 아버지께서 그리스도 안에서 하늘에 속한 모든 신령한 복으로 우리에게 복 주시되 4) 곧 창세 전에 그리스도 안에서 우리를 택하사 우리로 사랑 안에서 그 앞에 거룩하고 흠이 없게 하시려고 5) 그 기쁘신 뜻대로 우리를 예정하사 예수 그리스도로 말미암아 자기의 아들들이 되게 하셨으니 6) 이는 그의 사랑하시는 자 안에서 우리에게 거저 주시는바 그의 은혜의 영광을 찬미하게 하려는 것이라 7) 우리가 그리스도 안에서 그의 은혜의 풍성함을 따라 그의 피로 말미암아 구속 곧 죄 사함을 받았으니 8) 이는

그가 모든 지혜와 총명으로 우리에게 넘치게 하사 9) 그 뜻의 비밀을 우리에게 알리셨으니 곧 그 기쁘심을 따라 그리스도 안에서 때가 찬 경륜을 위하여 예정하신 것이니 10) 하늘에 있는 것이나 땅에 있는 것이 다 그리스도 안에서 통일되게 하려 하심이라 11) 모든 일을 그 마음의 원대로 역사하시는 자의 뜻을 따라 우리가 예정을 입어 그 안에서 기업이 되었으니 12) 이는 그리스도 안에서 전부터 바라던 우리로 그의 영광의 찬송이 되게 하려 하심이라 13) 그 안에서 너희도 진리의 말씀 곧 너희의 구원의 복음을 듣고 그 안에서 또한 믿어 약속의 성령으로 인치심을 받았으니 14) 이는 우리의 기업에 보증이 되사 그 얻으신 것을 구속하시고 그의 영광을 찬미하게 하려 하심이라 (엡 1:3-14).

우리 훈련원에서는 개강예배도 찬양예배, 파송예배도 찬양예배, 매일 아침예배도 찬양예배입니다. 설교가 없으면 예배가 아닌 것으로 생각하는 관행은 이제 바뀌어야 합니다. 찬양 자체가 예배입니다. 그리고 하나님은 이 찬양 가운데 임재하십니다. 찬양예배를 드리다가 많은 분들이 눈물을 흘리며 감격도 하고 회개도 하고 치유받기도 합니다. 이는 찬양예배 가운데 임재하시는 주님의 은혜이지요. 예배로서 찬양을 드려야합니다.

찬양의 성장

여러분은 찬양하면 젊은이들이 다양한 악기를 사용하여 요란하게 하는 것이라는 선입견을 갖고 있을 수 있습니다. 또 언제나 새로운 곡을 부르는 것이라는 편견을 갖고 있을 수도 있습니다. 그러나 찬양이란 진정으로 하나님을 영화롭게 하려는 마음으로 그러한 내용을 담아 표현하는 것이 본질입니다. 그러므로 찬양은 찬양하는 자의 선호와 저들의 마음 상태와 영적 상태를 고려하여 선곡되고 불려지는 것도 사실이지만 궁극적으로는 하나님을 경배하는 내용이 주를 이루어야 합니다.

찬양과 찬송에는 여러 종류가 있습니다. 우선 하나님의 하나님 되심을 노래하는 경외와 찬미의 노래가 있습니다. "거룩 거룩 거룩 전능하신 주여 이른 아침 우리 주를 찬송합니다." 이러한 내용은 하나님 되심 자체를 찬미하는 찬양의 찬송, 경배의 찬송입니다.

감사의 찬송도 있습니다. 주님이 베풀어 주신 은혜를 감사하여 찬미하는 것입니다. "나 같은 죄인 살리신 주 은혜 놀라워 잃었던 생명 찾았고 광명을 얻었다" 이러한 것은 감사 찬송이지요.

그런가 하면 기도의 찬송도 있습니다. "아침 해가 돋을 때 만물 신선하여라 나도 세상 지낼 때 햇빛 되게 하소서." 이러한 내용은 기도의 찬송이라 할 수 있습니다.

설교 찬송도 있습니다. 부르는 자에게 메시지를 던지는 찬송 말이지요. "주님께 귀한 것 드려 젊을 때 힘 다하라 진리의 싸움을 할 때 열심을 내어라." 이러한 메시지 찬송도 있는 것이지요.

간증이나 고백의 찬송도 있습니다. "아 하나님의 은혜로 이 쓸데없는 자 왜 구속하여 주는 지 난 알 수 없도다."라는 찬송 같은 것이지요.

또한 회중을 어떤 이데올로기나 목표를 향하여 몰고 가는 캠페인 찬송도 있습니다. "십자가 군병들아 주 위해 일어나 기 들고 앞서 나가 굳세게 싸우라." "할 수 있다 하신 이는 나의 능력 주 하나님/ 믿음만이 믿음만이 능력이라 하시네."

이처럼 제 각각 조금씩 다른 종류의 찬송이지만 부르는 자의 마음에 감동을 일으키고 하나님을 경배한다는 점에 있어서는 동일합니다. 그러므로 찬양은 적절한 조화와 균형 속에 선곡되고 불려져야 합니다.

찬양에도 성장과 성숙이 필요합니다. 그러기 위해서는 감사의 찬송이 주가 되어야 합니다. 우리의 조건이나 상황을 고려하여 하나님께 감사하는 것이 아니라 하나님 자체를 찬미하고 하나님의 은혜를 노래하는 것이 찬양의 성장을 가져오게 할 것입니다.

아가서에 나타난 사랑의 성장에서 그 모델을 볼 수 있습니다. 아가서 2장 16절에 보면 자기의 사랑하는 자가 자기에게 속하였음을 확인하고 자신도 그에게 속하였음을 확인하는 내용이 나옵니다.

> 나의 사랑하는 자는 내게 속하였고 나는 그에게 속하였구나. 그가 백합화 가운데서 양떼를 먹이는구나 (아 2:16).

그러나 아가서 6장 3절에서는 보다 성숙하게 표현됩니다. 상대가 자기에게 속하였다고 고백하는 2장 16절과는 미묘한 차이가 있습니다. 자기가 상대에게 속하였다고 고백합니다. 그리고는 상대도 내게 속하였다고 확인합니다.

> 나는 나의 사랑하는 자에게 속하였고 나의 사랑하는 자는 내게 속하였다 그가 백합화 가운데서 그 양떼를 먹이는구나 (아 6:3).

그런데 7장 10절에서는 더욱 성숙한 모습을 보입니다. 자기가 사랑하는 상대에게 속한 것만 고백하고 상대가 자기에게 속하였다고 확인하지 않습니다. 그만큼 성숙도 하고 신뢰도 큽니다.

나는 나의 사랑하는 자에게 속하였구나! 그가 나를 사모하는구나! (아 7:10).

이와 같이 찬양함에 있어서 하나님께 원하는 것을 너무 의식하면서 하나님을 나에게로 끌어내리기 보다는 조건이 없이 찬양하고 헌신하는 성숙함이 이루어져야 합니다. 찬송의 내용이나 곡이 온전히 하나님께 바쳐지는 찬양으로 성숙해 가야 예배가 새로워지고 더욱 은혜 속에 들어가게 됩니다.

신령과 진정으로

요한복음을 보면 사마리아 여인과 예수님의 대화 속에 예배에 관한 토론이 들어 있습니다. 그 토론 속에 예배 갱신의 원리가 담겨있습니다. 유대인이나 사마리아 인이나 일반적으로 생각하는 것은 예배의 장소 문제였습니다. 유대인은 예루살렘의 성전을 절대화하는 경향이었고 사마리아인들은 그리심 산에 예배당을 세우고 거기서 예배하였습니다.

예수님은 중요한 것은 장소가 아니라 예배의 영성이요, 진정성이라고 가르치고 계십니다. 신령과 진정으로 예배하여야 한다는 것입니다. 여기서 신령이란 '영 안에서 영으로' 라는 뜻입니다. 예배의 영성을 말하는 것이지요. 성령으로 예배하여야 합니다. 성령님과 코이노니아를 이루는 예배가 되어야 합니다. 장소가 중요한 것이 아니라 살아 있는 우리의 영과 하나님의 성령이 만나는 예배가 되어야 합니다. 진정이란 진리 안에서 진리로 예배하라는 것입니다. 또는 진정성으로 예배하라는 말씀도 됩니다. 진심을 담은 예배가 되어야 한다는 것입니다.

> 21) 예수께서 가라사대 여자여 내 말을 믿으라 이 산에서도 말고 예루살렘에서도 말고 너희가 아버지께 예배할 때가 이르리라 22) 너희는 알지 못하는 것을 예배하고 우리는 아는 것을 예배하노니 이는 구원이 유대인에게서 남이니라 23) 아버지께 참으로 예배하는 자들은 *신령과 진정으로 예배할 때가 오나니* 곧 이 때라 아버지께서는 이렇게 자기에게 예배하는 자들을 찾으시느니라 24) 하나님은 *영이시니 예배하는 자가 신령과 진정으로 예배할지니라*(요 4:21-24).

하나님은 이렇게 영성과 진정성을 가지고 예배하는 자들을

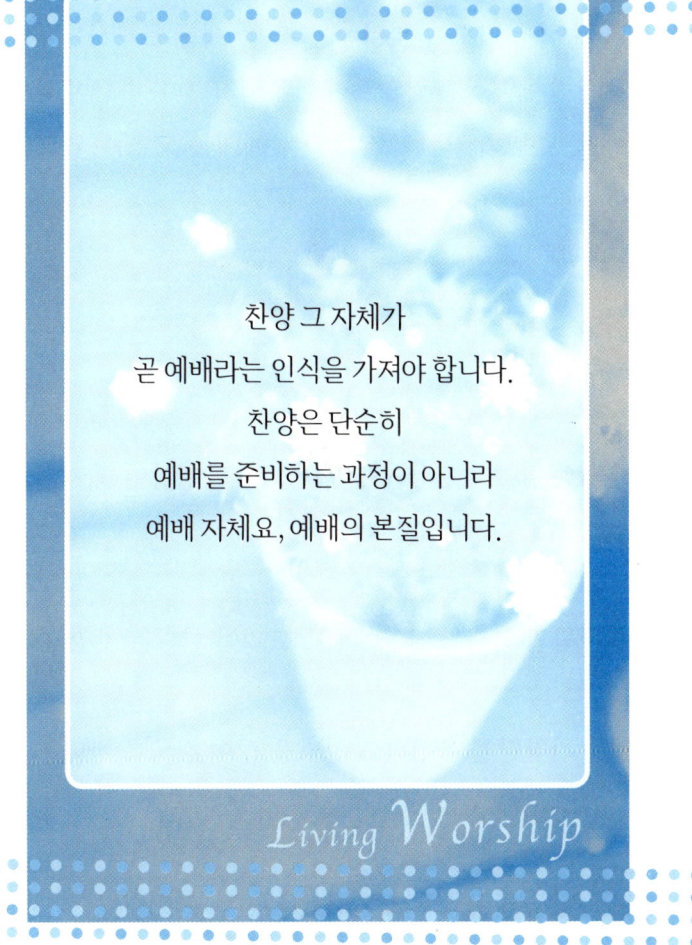

찾으신다고 말씀하십니다. 하나님은 영성과 진정성으로 예배하는 곳에 임재하십니다. 하나님이 임재하시는 예배는 늘 새롭고 생기가 넘칩니다. 이것이 예배갱신입니다. 예배갱신은 단순히 예배 순서를 바꾸는 것이 아니라 늘 새롭게 하시는 주님과 만나는 영적 예배를 드림으로써 이루어집니다. 주님이 함께 하시는 예배, 주님의 말씀이 실현되는 예배를 드릴 수 있기를 바랍니다.

찬양예배를 위한 조언

살아 있는 감격의 찬양예배가 되게 하기 위하여 몇 가지 참고할 것을 말씀드리고 싶습니다.

첫째는 담임 목사가 찬양예배를 드려야 한다는 것입니다.

둘째는 찬양단을 육성하고 찬양을 많이 하도록 한다는 것입니다.

셋째는 찬양할 때는 일어서서 찬양하도록 합니다. 일어서서 해야 소리도 잘 나오고 마음과 자세가 집중이 됩니다.

넷째 프로젝터를 사용하여 앞을 보며 찬양하게 하고 책을 들여다보지 않게 합니다.

다섯째 찬송가 예고제를 사용하여 다음 주에 예배로 부를 찬송을 전 주에 예고하여 일주일 내내 집에서도 개인적으로도 그 찬송을 많이 부르고 외우게 하면 훨씬 그 찬양 속으로 들어가기가 쉽습니다.

여섯째 성가대 찬양도 악보를 보지 말고 온 몸과 온 얼굴을 들어 회중과 호흡하며 찬양하게 하여야 합니다.
매주마다 어려운 새 곡을 찬양해야한다는 고정 관념을 버리면 그다지 어려운 일도 아닙니다. 쉬운 찬송을 다 외워서 감격으로 성령으로 연주하는 것이 훨씬 유익합니다. 설교자도 원고를 읽어가며 설교를 하면 회중과 하나 되기 어렵습니다. 마찬가지로 성가대 찬양도 악보를 들여다보는 동안 회중과 단절을 면할 길이 없습니다. 그러므로 일반 음악에서도 진정한 합창 연주는 다 외워서 곡과 가들의 마음과 흥이 하나 되고 회중과 하나 되는 눈빛으로 노래하는 것입니다.

일곱째로 어린아이로부터 어른까지 함께 하는 찬양예배를 자주 기획하여 드리면 좋습니다.

02 살아있는 예배를 위한 기도와 헌금

헌금이란 우리가 받은 모든 축복이 하나님께로부터 왔음을 인식하고 그 복을 따라서 감사한 마음으로 힘껏 드리는 감사의 예물입니다. 그러므로 헌금은 예배의 필수적 요소입니다.

02 살아있는 예배를 위한 기도와 헌금

기도예배

책을 취하시매 네 생물과 이십사 장로들이 어린 양 앞에 엎드려 각각 거문고와 향이 가득한 금대접을 가졌으니 이 향은 성도의 기도들이라 (계 5:8).

3) 또 다른 천사가 와서 제단 곁에 서서 금향로를 가지고 많은 향을 받았으니 이는 모든 성도의 기도들과 합하여 보좌 앞 금단에 드리고자 함이라 4) 향연이 성도의 기도와 함께 천사의 손으로부터 하나님 앞으로 올라가는지라 5) 천사가 향로를 가지고 단 위의 불을 담아다가 땅에 쏟으매 뇌성과 음성과 번개와 지진이 나더라 (계 8:3-5).

나의 기도가 주의 앞에 분향함과 같이 되며 나의 손드는 것이 저녁 제사같이 되게 하소서 (시 141:2).

우리는 기도의 예배를 드립니다. 기도가 곧 예배입니다. 요한계시록은 기도가 하나님이 받으시는 향불제사와 같다고 말씀하십니다. 성도의 기도들이 금대접 금향로의 향불제사라는 것입니다. 그러므로 기도란 단순히 우리의 필요를 말씀드리는 수단이 아니라 하나님을 예배하는 길입니다. 예배로서의 기도를 해야 합니다. 구약에서 향불제사가 있었듯이 신약에서는 기도가 있습니다. 그러므로 우리는 기도를 향불제사를 드리는 정성으로 해야 합니다. 그러면 이제부터 제사드림 즉 예배드림으로서의 기도가 어떤 것인지 살펴보도록 하겠습니다.

구약의 기도 (향불제사)

34) 여호와께서 모세에게 이르시되 너는 소합향과 나감향과 풍자향의 향품을 취하고 그 향품을 유향에 섞되 각기 동일한 중수로 하고 35) 그것으로 향을 만들되 향 만드는 법대로 만들고 그것에 소금을 쳐서 성결하게 하고 36) 그 향 얼마를 곱게 찧어 내가 너와 만날 회막 안 증거 궤 앞에 두라 이 향은 너희에게 지극히 거룩하니라 (출 30:34-36).

1) 아론의 아들 나답과 아비후가 각기 향로를 가져다가 여호와의 명하시지 않은 다른 불을 담아 여호와 앞에 분향하였더니 2) 불이 여호

와 앞에서 나와 그들을 삼키매 그들이 여호와 앞에서 죽은지라 (레 10:1-2).

구약의 향불제사는 하나님이 받으실만한 제사가 되기 위하여 하나님 자신이 지시하신 규칙이 있었습니다. 인간들의 필요를 따라 제조하는 향은 인간들의 취향에 따라 제조할 수 있지만 하나님께 드리는 제사로 사용할 향은 하나님 자신이 지시하신 대로 만들어야 합니다. 그리고 그렇게 만든 향은 향불제사에만 쓰이며 다른 용도로는 쓸 수 없었습니다. 거룩한 하나님을 경외하고 예배하는 구별된 향이어야 했던 것입니다.

소합향과 나감향과 풍자향을 동일한 무게의 분량으로 유향에 섞고 소금을 쳐서 거룩하게 구별하였습니다. 그리고 그 향을 회막 안 증거 궤 앞에 두고 하나님께 향을 피울 때만 사용하였습니다. 하나님께 드리는 향불제사는 하나님이 지시하신 대로 하나님의 방법으로 만들고 드렸습니다. 심지어 그 향을 피우는 불도 제단에 있는 불만을 사용했습니다.

그런데 아론의 아들 나답과 아비후가 제사장으로 위임되고 나서, 그 제단의 불이 아닌 다른 불을 피워서 분향하다가 하나님의 진노를 받아 불에 타 죽었습니다. 이렇게 하나님께 드리는 향불제사는 향도 거룩하게 구별된 향으로 불도 거룩하게 구별된 불로 피워 드려야 했습니다. 사람 편의대로 드리는 것이 아니라 하나님의 뜻대로 하나님의 지시대로 드리는 것이 제사였습니다.

이러한 원리는 오늘날 우리의 예배에도 적용되어야 합니다. 우리가 원하는 대로 중언부언하는 기도가 되어서는 안 됩니다. 우리에게 무엇을 달라는 식의 기도가 아니라 주님이 원하시는 기도가 주를 이루어야 합니다. 그렇다면 예배시간의 기도는 감사와 찬양의 기도가 중심이 되어야 합니다. 무엇을 달라고 하나님께 요구하는 기도보다 하나님께 감사와 경배로 드리는 기도가 있는 예배야말로 살아있는 예배의 또 다른 원리입니다.

대표기도의 틀

9) 그러므로 너희는 이렇게 기도하라 하늘에 계신 우리 아버지여 이름이 거룩히 여김을 받으시오며 10) 나라이 임하옵시며 뜻이 하늘에서 이룬 것같이 땅에서도 이루어지이다 11) 오늘날 우리에게 일용할 양식을 주옵시고 12) 우리가 우리에게 죄 지은 자를 사하여 준 것같이 우리 죄를 사하여 주옵시고 13) 우리를 시험에 들게 하지 마옵시고 다만 악에서 구하옵소서. 나라와 권세와 영광이 아버지

께 영원히 있사옵나이다 아멘 (마 6:9-13).

또한 신약에서도 주님이 가르쳐 주신 틀을 따라 기도하는 것이 원리일 것입니다. 그렇다면 생각나는 것이 무엇입니까? 주님이 가르쳐 주신 기도의 샘플, 주기도문이 아니겠습니까? 오늘 우리의 기도가 구약의 향불제사와 똑같은 규칙을 갖는다고는 말할 수 없습니다. 왜냐하면 신약의 원리는 외적인 형식보다는 내적인 영성에 있기 때문이지요.

그러나 그럼에도 불구하고 동일한 원리를 찾는다면 그것은 주님이 원하시는 대로 드려야 한다는 것입니다. 그러므로 주기도문은 우리가 드리는 예배의 한 틀이 될 수 있는 것입니다.

기도가 주기도문의 틀에 따라야 한다고 하면 늘 똑같은 틀에서 반복되어 지루하다고 생각할 수 있습니다. 그러나 따지고 보면 현재 장로님들의 대표 기도도 결국 누군가에 의하여 정해진 틀을 맴돌고 있는 것은 마찬가지입니다. 살펴보십시오. 주일마다 대표 기도는 늘 같은 틀을 따라 돌고 있는 것입니다. 그렇다면 사람의 유전의 틀이 아니라 주님이 가르쳐주신 틀을 따라 기도드리는 것이 훨씬 합리적이지 않을까요? 그런 의미에서 주기도문의 내용을 이해하고 그 내용을 적용하는 것이 살아있는 예

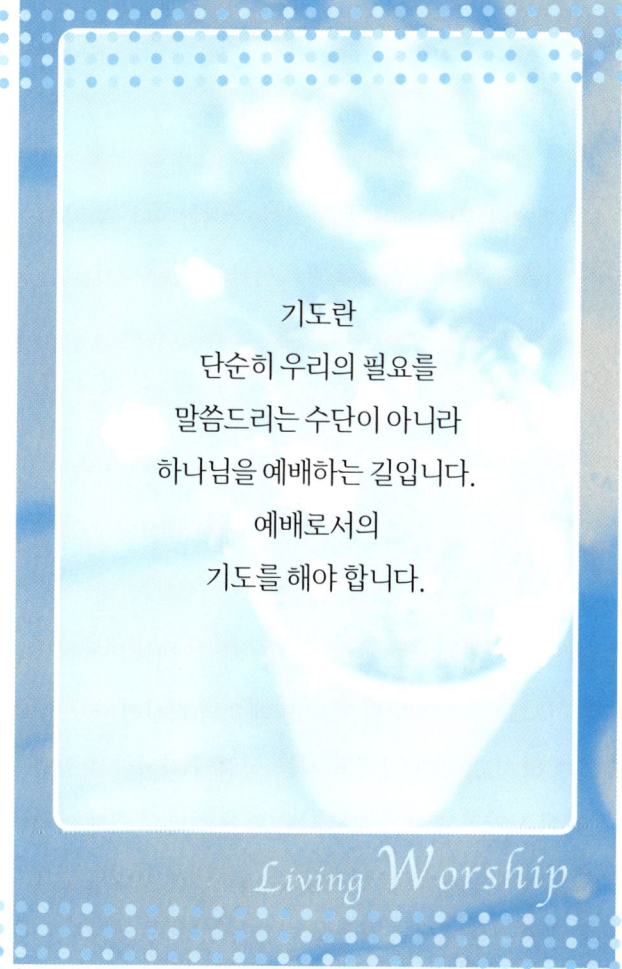

기도란
단순히 우리의 필요를
말씀드리는 수단이 아니라
하나님을 예배하는 길입니다.
예배로서의
기도를 해야 합니다.

Living Worship

배를 위한 기도의 원칙일 것입니다.

주기도문을 적용한 예배기도의 예

"하늘에 계신 우리 아버지, 우리가 예배합니다. 우리 가운데서 주의 이름이 거룩히 여김을 받으시옵소서. 우리가 주님을 찬양하며 감사합니다.

거룩하신 하나님! 전능하신 하나님! 영원하신 하나님! 주의 이름 찬양합니다. 창조의 주 하나님! 역사의 주 하나님! 부활의 주 하나님! 주님 영광 받으옵소서. 왕이신 하나님! 만주의 주이신 하나님! 만유의 주재이신 하나님! 우리가 주를 높이며 찬송하나이다.

주님! 우리를 지으시고 자녀 삼으신 하나님 감사합니다. 우리를 구속하시고 우리의 죄를 사하신 예수님 감사합니다. 우리를 거룩하게 하시고 능력 있게 하시는 성령님 감사하고 찬양합니다. 우리의 찬양과 감사를 받으시고 또 우리의 삶 속에서 영원히 주를 찬송하게 하옵소서. 천하 만민 가운데서 찬양을 받으시고 열방과 족속 가운데서도 영광을 받으옵소서. 주님 예수 이름의 권세와 성령의 권능으로 하나님 나라 여기 우리 가운데 임하시고 우리를 다스리시고 우리의 삶에서 가정에서 교회에서 어두움의 세력을 몰아내시고 우리를 해방하시며 구원하시어서 우리를 다스려 주의 법도를 이루게 하시옵소서.

이 민족 가운데 임하시고 다스리시고 영광을 받으시고 북한 땅에도 임하시고 통치하시고 그 백성들을 해방하시고 구원하시고 영광을 받으옵소서.(여러 민족에게 적용하여 기도할 수 있습니다.)

주여 주의 뜻을 이루소서. 주의 구원의 뜻이 이 땅에 이루어지게 하기 위하여 우리를 써 주시고 우리 교회를 써 주옵소서.

우리가 날마다 주의 뜻을 구하고 알고 따르고 이루고 성취하게 도우시옵소서. 우리는 주의 백성이요 주의 자녀요 주의 제자로서 주의 뜻을 살게 하옵소서.

우리에게 일용할 양식을 주시니 감사합니다. 하늘의 신령한 양식이 마르지 않게 우리에게 풍성히 주사 나누는 삶도 살게 하옵소서. 북한 형제들에게도 일용할 양식을 주시고 세계 모든 인류가 굶주리지 않게 하시며 우리로 풍성한 것을 나눌 수 있는 능력을 주옵소서.

우리 죄를 사하소서. 우리의 교만한 죄 하나님을 제대로 예배하지 못한 죄 분열과 대립과 갈등으로 하나 되지 못한 죄 사랑 없고 무정하고 선이 없는 모든 죄를 사하시고 우리로 화해의 사람 평화의 사람이 되게 하사 이 땅에 천국을 이루게 하옵소서.

우리도 시험에 들지 말게 하옵소서. 물질의 욕망과 명예의 욕

망과 권세의 야망에 걸려 헛된 영광을 구하지 말게 하시고 마귀의 올무에 걸리지 않게 하시며 어두움의 세력 마귀에게서는 건지시고 거룩하고 승리하는 삶을 살고 누리게 하옵소서.

　주님 영광 받으시옵소서. 모든 나라와 권세와 영광은 주님의 것이오며 주님은 우리 가운데 그리고 열방 가운데 영광을 받으셔야 마땅합니다. 주님 찬양과 영광을 받으시고 우리도 주님의 영광중에 기뻐하게 하옵소서. 예수님의 이름으로 기도하옵나이다. 아멘."

목회기도의 원리

24) 여호와는 네게 복을 주시고 너를 지키시기를 원하며 25) 여호와는 그 얼굴로 네게 비취사 은혜 베푸시기를 원하며 26) 여호와는 그 얼굴을 네게로 향하여 드사 평강주시기를 원하노라 할지니라 하라 27) 그들은 이같이 내 이름으로 이스라엘 자손에게 축복할지니 내가 그들에게 복을 주리라 (민 6:24-27).

사랑하는 자여 네 영혼이 잘 됨같이 네가 범사에 잘 되고 강건하기를 내가 간구하노라 (요3 1:2).

우리는 예배 시간에 목회 기도라는 것을 합니다. 예배로서의 목회기도가 되기 위해서는 하나님의 말씀에 근거한 기도를 해야 합니다. 목회기도에서는 회중을 축복하는 기도를 드릴 수 있습니다. 하나님의 말씀에 제사장이 축복하면 하나님이 복을 내리시겠다고 약속하셨습니다. 이를 근거로 목사가 회중을 축복하는 기도를 하는 것은 좋은 일입니다.

우리는 하나님의 축복을 필요로 합니다. 하나님의 축복 없이 산다는 것은 저주입니다. 우리는 서로 축복하고 복을 받고 살아야 합니다.

요한 삼서의 말씀처럼 영이 잘 되고 범사가 잘 되고 강건하기를 축원하고 축복할 필요가 있습니다. 주님의 이름으로 축복기도하고 선포하는 일은 하나님을 믿고 행하는 일이며 예배 행위의 일부가 될 수 있습니다.

축도의 원리

우리는 예배의 마지막 순서로서 축도를 합니다. 축도는 고린도후서 13장 13절에 근거하여 축도합니다.

주 예수 그리스도의 은혜와 하나님의 사랑과 성령의 교통하심이 너희 무리와 함께 있을지어다.

비록 정해진 문장으로 축도하는 것일지라도 믿음으로 진지하게 축도하여야 합니다. 여기서 주의할 점은 문장을 적용하여 바꾸어 할 수 있지만 격이 낮은 말로 바꿀 필요는 없다는 것입니다. 대체로 "성령의 교통하심"을 "성령의 감화 감동 충만하심" 등으로 바꾸는 경우가 많은데 성령의 교통하심이 감화 감동보다 훨씬 깊은 축복임을 잊지 말아야 합니다. 이는 최근 한국교회에서 일어난 문제이긴 하지만 "있을지어다."라고 축도할 것인가 "축원합니다."로 축도할 것인가 하는 문제인데 둘 다 상관없습니다. 다만 "지어다."를 사용하지 못하게 하는 교만한 자세는 교정되어야 합니다. 원칙은 그렇습니다. "지어다."로 번역된 개역성경을 공식적으로 사용하는 교회에서는 "지어다."로 축도하는 것이 옳고 "축원합니다."로 번역된 성경을 사용하는 교회에서는 "축원합니다."로 축도하는 것이 옳습니다. 어쨌든 축도도 믿음으로 정성을 다해서 해야 합니다.

필자가 캐나다 밴쿠버에 있는 한인교회를 방문했을 때의 일입니다. 목사 세 명이 함께 방문했는데 담임 목사가 우리에게 설교를 부탁했습니다. 우리 셋은 누가 설교할 것인가를 놓고 서로 미루다가 제비뽑아서 예배순서를 담당하기로 하였습니다. 설교자, 기도인도자, 축도자, 셋을 적어 놓고 제비뽑기를 하였더니 나는 축도자로 뽑혔습니다. 그중에 내가 나이가 제일 연장자여서 적절하게 뽑혔다고 생각하였습니다. 나는 그 주일 아침 일어나 말씀 묵상을 하고 기도하며 축도 준비를 하였습니다. 축도를 성령의 기름 부으심 속에서 할 수 있게 해 달라고 기도하였습니다. 그리고 그날 축도를 진지하게 하였습니다. 예배가 끝나고 들어오는데 그 교회 담임 목사님의 사모님이 말했습니다.

"목사님 오늘 목사님이 축도하실 때 저는 성령님이 임하시는 것을 경험했습니다."

그렇습니다. 예배 순서에 있으니까 그냥 축도하는 것이 아니라 진실로 믿고 성령으로 축도하여야 합니다.

헌금 예배

여호와의 이름에 합당한 영광을 그에게 돌릴지어다. 예물을 가지고 그 궁정에 들어갈지니라 (시 96:8).

시편 말씀대로 하면 헌금이란 하나님의 거룩한 이름에 합당한 영광을 돌리는 예물입니다. 특히 예물을 가지고 궁정에 들어가라 한 것은 하나님을 왕으로 믿고 예배하면서 그분에게 예물을 드리라고 하는 것입니다. 우리가 하나님을 왕으로 섬긴다면 당연히 왕께 나아갈 때 예물을 가지고 가야 합니다. 그러므로 헌금은 세금을 내는 것이 아니라 예배로서 드리는 것입니다. 왕을 섬기는 예물로서 드린다는 것입니다.

16) 너의 중 모든 남자는 일년 삼차 곧 무교절과 칠칠절과 초막절에 네 하나님 여호와의 택하신 곳에서 여호와께 보이되 공수로 여호와께 보이지 말고 17) 각 사람이 네 하나님 여호와의 *주신 복을 따라 그 힘대로 물건을 드릴지니라* (신 16:16-17).

신명기의 말씀대로 이해하면 헌금이란 우리가 받은 모든 축복이 하나님께로부터 왔음을 인식하고 그 복을 따라서 감사한 마음으로 힘껏 드리는 감사의 예물입니다. 그러므로 헌금은 예배의 필수적 요소입니다.

헌금의 기본

너희 대적을 네 손에 붙이신 지극히 높으신 하나님을 찬송할지로다 하매 아브람이 그 얻은 것에서 *십분 일을 멜기세덱에게 주었더라* (창 14:20).

우리는 다양한 성격의 헌금을 드립니다. 그런데 그중 가장 기본이 되는 것은 십일조 헌금입니다. 십일조의 의미는 무엇인가요? 그것은 십 분의 십 전부가 하나님께로부터 왔음을 인지하고 하나님께 감사하며 드리는 예물입니다.

7) 만군의 여호와가 이르노라 너희 열조의 날로부터 너희가 나의 규례를 떠나 지키지 아니하였도다 그런즉 내게로 돌아오라 그리하면 나도 너희에게로 돌아가리라 하였더니 너희가 이르기를 우리가 어떻게 하여야 돌아가리이까 하도다 8) 사람이 어찌 하나님의 것을 도적질하겠느냐 그러나 너희는 나의 것을 도적질하고도 말하기를 우리가 어떻게 주의 것을 도적질 하였나이까 하노다 이는 곧 *십일조와 헌물이라* 9) 너희 곧 온 나라가 나의 것을 도적질하였으므로 너희가 저주를 받았느니라. 10) 만군의 여호와가 이르노라 너희의 온전한 십일조를 창고에 들여 나의 집에 양식이 있게 하고 그것으로 나를 시험하여 내가 하늘 문을 열고 너희에게 복을 쌓을 곳이 없도록 붓지 아니하나 보라

(말 3:7-10).

   십일조는 원래 레위인을 먹이기 위하여 제정한 것이 아니고 이미 창세기에 하나님을 섬기는 예물로 드려지던 것을 하나님이 레위인의 분깃으로 정해 준 것입니다. 그러므로 레위인이 있든 없든 십일조는 드려지게 되어 있던 것입니다.

   그런데 어떤 사람은 신약에서는 십일조를 안 해도 된다고 주장하기도 합니다. 하지만 이것은 하나님을 섬기는 마음을 제하려는 일입니다. 신약의 정신은 십일조가 아닌 십의 십조를 다 드리는 것입니다. 물론 십일조보다 많이 드리는 자는 십일조를 안 드려도 되겠지요.
   그러나 십일조는 구약에서건 신약에서건 기본적인 예물이고 신약은 그 이상 드리는 것입니다. 십일조를 드리지 않던 이스라엘을 책망하던 말라기 말씀은 이스라엘이 하나님께로 돌아오는 일과 십일조를 드리는 일을 동일시함으로써 십일조가 하나님을 섬기는 예의의 기본이 된다는 것을 보여 줍니다.

   그러므로 십일조는 논란의 여지가 없습니다. 하나님을 섬기는 자는 십일조를 드리는 것입니다. 그것이 하나님을 믿는 믿음의 표식이며 하나님을 섬기는 예의인 것입니다.

헌금이란
우리가 받은 모든 축복이
하나님께로부터 왔음을 인식하고
그 복을 따라서 감사한 마음으로
힘껏 드리는 감사의 예물입니다.
그러므로 헌금은
예배의 필수적 요소입니다.

Living Worship

야곱이 에서를 피하여 밧단아람으로 갈 때 빈들에서 돌 베게 하고 자다가 하나님을 만납니다. 야곱은 하나님으로부터 복을 받고 번성케 되리라는 약속을 받습니다. 그때 야곱은 그곳에 돌 베게를 세우고 기름을 부으며 하나님을 경배하고 다음과 같이 서원합니다.

> 20) 야곱이 서원하여 가로되 하나님이 나와 함께 계시사 내가 가는 이 길에서 나를 지키시고 먹을 양식과 입을 옷을 주사 21) 나로 평안히 아비 집으로 돌아가게 하시오면 여호와께서 나의 하나님이 되실 것이요 22) 내가 기둥으로 세운 이 돌이 하나님의 전이 될 것이요 하나님께서 내게 주신 모든 것에서 십분 일을 내가 반드시 하나님께 드리겠나이다 하였더라 (창 28:20-22).

하나님께서 주신 모든 것의 십일조를 드려 하나님을 섬기겠다고 서원하여 기도합니다. 하나님의 은혜에 대한 지극히 정상적인 반응입니다. 하나님은 복을 주시고 형통하게 하시겠다고 언약하시고 야곱은 십일조를 드려 하나님을 경외하겠다고 서원하는 것입니다. 십일조는 아브라함에게나 야곱에게나 하나님을 섬기는 표식이었고 기본적인 헌금이요, 예배이었습니다.

참으로 핍절한 피난 시절에 나를 전도해 준 집사님으로부터 철저하게 교육받은 것이 있습니다. 그 집사님의 아들은 나와 절친한 친구 사이였고, 집사님에게 나는 영적 아들과 같은 존재였습니다. 그 집사님께서 나와 내 친구를 데리고 교회를 다녀오면서 늘 가르치고 반복한 교육이 있습니다.

"너희는 하나님 제일주의로 살아라. 그 표시로 너희가 수입을 얻게 되기 시작하거든 철저하게 십일조를 드려서 하나님을 섬겨라."

이 말을 지겹도록 들어 또 그 소리인가하고 그만 하라고 짜증을 낼 정도였으나 그 교육은 내 친구와 나에게 철저하게 각인되어 우리 둘 다 십일조를 평생 정성으로 바치는 신자가 되었습니다. 십일조야말로 진정 하나님을 섬기는 바로미터 역할을 한다는 것을 깨닫게 되었습니다. 그리고 우리는 한없는 축복을 받으며 누리게 되었습니다.

헌금 예배의 자세

헌금이 예배가 되려면 즐거운 마음으로, 자원하는 마음으로 드려야 합니다. 억지로 빼앗기는 것처럼 내는 것이 아니라 하나님을 기쁨으로 섬기는 자원하는 예물이 되어야 합니다. 드리고 싶어 하는 마음 그것이 아버지의 사랑을 아는 자의 반응인 것입니다.

> 네 하나님 여호와 앞에 칠칠절을 지키되 네 하나님 여호와께서 네게 복을 주신 대로 네 힘을 헤아려 *자원하는 예물을 드리고* (신 16:10).

헌금은 하나님이 기뻐 받으시는 예물이며 예배자의 마음이 담긴 정성스런 표현입니다. 네 보물이 있는 곳에 네 마음이 있다고 하신 성경 말씀은 참으로 확실한 진실입니다.

우리가 하나님을 사랑하면 재물을 그분께 바치는 즐거움이 있습니다. 우리 마음이 그분에게 있기 때문입니다. 그러므로 헌금은 하나님을 기뻐하는 마음, 하나님을 사랑하는 마음, 하나님을 섬기는 마음으로 드리는 예물이 되어야 하는 것이고 그럴 때 진정한 헌금이 됩니다.

> 각각 그 마음에 정한 대로 할 것이요 인색함으로나 억지로 하지 말지니 하나님은 즐겨 내는 자를 사랑하시느니라 (고후 9:7).

따라서 헌금을 즐거이 자원하는 마음으로 드리도록 교육하고 자유롭게 드리는 분위기를 조성할 필요도 있습니다. 그래서 헌금 수금 방법도 헌금 통을 돌리는 방법보다는 입구에 헌금 통을 마련해 두고 자원하여 헌금하게 하는 방식이 더 좋을 수 있습니다. 동시에 하나님께 드린 헌금을 관리하는 입장에서는 성실하게 하나님 원하시는 방향에서 사용되도록 관리해야 합니다.

03

살아있는 예배를 위한 설교

설교는 듣는 예배입니다. 설교는 하나님의 음성을 경청함으로써 그분을 높이는 예배 행위입니다. 설교를 예배로 드려야 합니다. 설교는 목사의 사상발표가 아니고 하나님의 말씀을 듣는 예배입니다.

03 살아있는 예배를 위한 설교

예배행위로서의 설교

설교자나 회중이나 설교를 예배로 드려야 합니다. 설교자는 설교를 자신의 사상 전파의 수단으로 착각하면 안 됩니다. 설교자는 두렵고 떨리는 경외심으로 메시지를 선포하며 동시에 자신도 그 말씀을 들어야 합니다. 설교자가 "나는 말한다. 너희는 들어라"하는 자세로 설교를 해서는 안 됩니다. 설교자 자신도 하나님 말씀 앞에 서서 귀 기울이고 들으며 그분을 경외하고 예배해야 합니다.

설교자는 설교 준비하면서 하나님의 말씀을 듣고 설교를 선포하면서 다시 하나님의 말씀을 듣습니다. 그러므로 설교자도 언제나 하나님의 말씀에 귀 기울이며 듣는 자의 자세로 설교해야 합니다. 회중도 설교를 감상하는 태도로 들어서는 안 됩니다. 설교 속에 선포되는 하나님의 메시지를 받고 경외함으로 그 말씀에 순종하여야 하며 말씀을 적용하려는 마음을 가져야 합니다. 설교는 단순한 연설이 아니라 하나님을 경배하는 행위여야 합니다.

제가 부임했던 어떤 교회는 설교에 대하여 신자들이 말이 많은 곳이었습니다. 부임 설교를 하고 내려오자 소위 선임 장로라는 분이 대표로 말하기를 "우리 교회 성도들은 다 지쳐 있습니다. 사명 설교나 비전 설교는 감당하지 못할 것입니다. 축복 설교나 위로 설교나 격려 설교를 해 주십시오"라고 하는 것이었습니다. 신자가 설교를 주문하는구나 싶었습니다. 그러나 그만큼 교회가 상처를 받고 지쳐있다는 이야기 일거라고 생각하고 잘 받아서 참고하기로 하였습니다.

그런데 그 후로도 설교에 대해 이러쿵저러쿵 주문이 계속되었습니다. 심지어는 그 선임 장로라는 분이 당회를 하러 모일 때면 "우리 목사님은 내용도 없이 설교가 너무 길어요"라고 말하지를 않나, '설교하고 나면 왜 그런 설교를 이 주일에 하게 되었느냐고 묻지 않나, 참으로 묘한 분위기의 교회였습니다.

설교가인 내게도 오기가 발동했습니다. 설교는 오기로 하면 안 되는 것인데 말입니다. 나는 창세기 1장 1절부터 강해 설교를 하기 시작했습니다. 그랬더니 또 장로 한 분이 찾아 왔습니다. 건의할 것이 있다고 찾아 왔기에 정중히 맞았습니다. 건의 내용은 이런 것이었습니다. "첫째는요. 목사님 설교하실 때 고상한 언어를 사용해 달라는 부탁입니다." 얼마나 고상하게 해야 하느냐고 예를 들어서 설명해 달라고 하였더니 "예를 든다면 '똥' 이라고 말하는 대신 '분뇨' 라고 말하면 좋을 것 같구요, '월경이나 멘스라 말하기보다는 여인들이 한 달에 한 번씩 치르는 행사' 라고 말하면 좋지요"하는 것이었습니다. 그래서 좀 어이가 없긴 하지만 고상한 언어를 쓰는 것이 나쁜 것이 아니므로 최선을 다하여 보다 고상한 언어로 사용하도록 노력하겠다고 대답했습니다.

그리고 또 건의할 것이 있느냐 물었더니 "목사님 왜 창세기 강해 설교를 하게 되었는지 모르지만 성도들이 다 지루해 합니다. 그리고 지난 2년 동안 전임 담임 목사님이 아파서 설교를 못 하실 때 설교 목사님으로 신학대학 구약학 교수님이 오셔서 창세기 강해 설교를 했습니다. 그런데 목사님이 또 창세기 강해 설교를 하시니 모두 난리입니다"하는 것이었습니다. 나는 여기서는 물러서고 싶지 않았습니다.

그래서 말했습니다. "장로님 듣고 보니 제가 창세기 강해 설교를 꼭 해야 할 것 같습니다. 왜냐하면 우리 성도들은 그 위대하신 구약학 교수님을 통하여 창세기 강해 설교를 듣고 창세기의 진리 수준에 와 있는데 나만 못 들었거든요. 그러니 내가 창세기 강해 설교를 다 들을 때까지는 창세기 강해 설교를 해야 할 것 같습니다. 장로님, 저는요 설교할 때 내가 말하노니 '너희는 들으라.' 그런 생각으로 설교하지 않습니다. 설교할 때마다 제가 듣습니다. 설교는 하나님의 말씀을 받아서 선포하는 것이고 그 설교 앞에 설교자도 함께 서서 하나님의 말씀을 듣는 것입니다. 그런데 이 교회 와보니 설교를 성도들이 주문하는 대로 하는 것으로 아는 것 같아 안타깝습니다.

설교자는 중국집 주방장이 아니랍니다. 자장면 달라하면 자장면 만들어 주고 우동을 달라하면 우동을 만들어 주듯이 성도들이 주문하는 대로 설교할 수 없답니다. 설교는 하나님이 말씀하시고 목사를 포함한 우리가 듣는 것이지요. 장로님 나도 건의 하나 합시다. 장로님이 심방이라도 하시면서 '설교는 하나님이 말씀하시고 우리는 모두 듣는 자이다. 우리가 설교를 이렇게 해달라고 주문할 수 없는 것' 이라고 가르쳐 주십시오." 이렇게 하고 나서 이러쿵저러쿵 설교에 대한 말을 하지 않게 되었고, 설교를 주문하는 일도 없어지게 되었습니다.

설교는 듣는 예배입니다. 설교는 하나님의 음성을 경청함으로써 그분을 높이는 예배 행위입니다. 설교를 예배로 드려야 합니다. 설교는 목사의 사상발표가 아니고 하나님의 말씀을 듣는 예배입니다. 설교자는 하나님의 말씀을 듣는 예배자의 자세로 메시지를 받고 또 선포하여야 합니다. 동시에 회중은 설교를 감상하는 것이 아니고 주님의 음성에 귀 기울이는 예배를 드려야 합니다. 오늘날 많은 성도들이 설교를 감상합니다. 아마도 설교자가 그렇게 만들었겠지만 하여튼 설교를 들으며 하나님의 음성에 귀 기울이지 않고 감상하는 성도가 많다는 것은 교정되어야 합니다.

밀양에서 목회할 때 열정적으로 설교하고 설교를 위하여 '활천'에서 읽은 어떤 사람의 간증도 인용했습니다. 예배가 끝나고 문간에 서서 인사하며 성도들을 배웅하는데 한 집사님이 내 손 잡고 말했습니다.

"목사님 오늘 설교 멋져요. 어떻게 그렇게 예화도 잘 만들어 쓰세요?"

듣고 보니 성도들이 설교를 듣는 것이 아니라 감상하고 있다는 느낌이 들었습니다. 성도들이 설교를 감상하게 된 것은 그동안 설교자들이 하나님 메시지를 선포하기보다는 멋들어진 설교를 하려고 했기 때문일 것입니다. 예배로서의 설교를 회복합시다.

설교의 기능

그렇다면 설교란 무엇이며 그 기능은 무엇이겠습니까? 느헤미야 8장 8절 말씀에서 설교의 기능이 무엇인지를 알 수 있습니다.

> 8) 하나님의 율법 책을 낭독하고 그 뜻을 해석하여 백성으로 그 낭독하는 것을 다 깨닫게 하매 9) 백성이 율법의 말씀을 듣고 다 우는지라 (느 8:8-9).

설교란 우선 성경을 읽고 그 뜻을 해석하는 일입니다. 설교는 설교자의 사상을 전하는 것이 아니라 성경 말씀을 해석하는 것입니다. 그렇다고 설교가 단순한 성경 강해가 되어서는 안 됩니다. 설교는 성경을 지식이나 정보로 가르치는 것 이상이 되어야 합니다. 설교는 회중이 하나님의 뜻을 깨달아 알게 하고 거기에 반응하게 하는 일입니다. 깨달아 듣고 울며 회개 또는 감격하게 하는 일입니다.

설교는 성경 해석을 바탕으로 하여 오늘 회중에 말씀하시는 하나님의 메시지를 함께 들으며 회중에게 선포하여 말씀 속에 임하시는 하나님을 만나는 것입니다. 또한 하나님 앞에 회중을 세우며 하나님을 만나게 하는 사건이 설교입니다. 그러므로 설교는 성경 강해에서 시작하여 깊은 묵상 속에서 하나님의 음성을 들으며 그 메시지를 회중에게 선포하여 말씀 속에 임하시는 하나님을 만나게 하는 일입니다. 그렇다면 설교가 이러한 기능을 하기 위하여 어떤 원리로 이루어져야 하는지 살펴보도록 합시다.

예언자의 원리

1) 베냐민 땅 아나돗의 제사장 중 힐기야의 아들 예레미야의 말이라 2) 아몬의 아들 유다 왕 요시야의 다스린 지 십삼 년에 *여호와의 말씀이 예레미야에게 임하였고* 3) 요시야의 아들 유다 왕 여호야김 시대부터 요시야의 아들 유다 왕 시드기야의 제 십일 년 말까지 임하니라 이 해 오월에 예루살렘이 사로 잡히니라 4) *여호와의 말씀이 내게 임하니라* 이르시되 (렘 1:1-4).

1) 여호와의 말씀이 내게 임하여 가라사대 2) 인자야 너는 이스라엘 산을 향하여 그들에게 예언하여 3) 이르기를 이스라엘 산들아 주 여호와의 말씀을 들으라 (겔 6:1-3).

예언서를 보면 예언이 어떻게 이루어지는 것인지를 알 수 있습니다. 예언은 예언자 자신의 사상이나 경험이나 생각을 말하지 않습니다. 예언자는 하나님의 말씀이 임할 때 선포하는 자였습니다. 하나님의 말씀이 임하지 않으면 선포하지도 아니합니다. 예언이란 하나님의 말씀이 임할 때 선포되는 것입니다.

설교도 이 원리가 적용됩니다. 설교는 성경 묵상을 통하여 하나님의 말씀이 설교자에게 임하는 경험을 한 후에 말씀을 전하여야 진정한 모습을 갖게 됩니다.

그러나 예언자의 예언과 설교자의 설교가 다른 것은 예언자는 그때 그때 하나님의 말씀이 임하면 선포하는 것이고 설교자는 설교하는 시간이 정해져 있다는 점입니다. 예언자는 성경을 가지지 않았고 하나님이 말씀을 주실 때 예언했고 설교자는 이미 계시된 성경을 가지고 있습니다. 설교자는 성경 속에 계시된 하나님의 말씀을 묵상하고 그 속에서 현재적인 말씀으로 임하는 경험을 추구하여야 합니다. 설교마다 임하신 하나님의 말씀을 전하는 것이 진정한 설교이나 하나님의 말씀이 임하지 않고도 설교하여야 하는 정해진 설교이기에 설교지는 더 힘이 듭니다. 그래서 메시지를 하나님께 구하고 받는 기도와 묵상의 시간이 필요합니다.

설교자는 하나님의 말씀이 임하는 것을 사모하고 기도해야 합니다. 하나님이 주시지 않는 말씀을 지껄이는 것은 거짓 예언이 됩니다. 설교자는 거짓 예언자가 되지 않도록 하나님의 말씀을 받고 전하도록 힘써야 합니다.

제가 서울신학대학에서 교수하며 생활관직을 맡고 있을 때 부관장 세 사람이 함께 일했습니다. 아침 6시마다 생활관 학생들 경건회가 있었는데 월요일과 금요일에 제가 설교하고 화, 수, 목요일은 각 부관장이 하루씩 설교하고 토요일에는 상급반 학생이 설교하고 주일날에는 모임이 없었습니다. 그런데 우리 관장 단에서는 한 책을 설교하게 되면 한 사람이 할 만큼 묵상해서 설교하고 다음 사람은 다음 구절 다음 문단을 가지고 설교하며 이어 나갔습니다. 그때 우리는 이어가면서 각자가 묵상하며 받은 메시지를 설교하자고 다짐하고 노력하였습니다. 어느 날 아침 설교 맡은 부관장 목사님이 6시 10분 전에 제 사무실로 뛰어와서 말했습니다.

"목사님, 제가 어제 밤이 맞도록 기도하고 말씀을 묵상해도 메시지를 받지 못했습니다. 설교를 할 수가 없겠는데요. 어떻게 하면 좋겠습니까? 목사님이 대신 설교해 주시지요."

"이 양반아 밤새 묵상하고 기도하여도 받지 못한 메시지를 나는 어떻게 10분에 받아서 설교하란 말이야? 지금이라도 빨리 강대상에 올라가 아직 남은 10분 더 기도하여 메시지를 받고 설교하게."

그렇게 하여 올려 보냈습니다. 그날 아침 설교는 매우 영감이 충만했고 감동이 컸습니다. 그 10분 동안에 주님이 메시지를 주신 것이었습니다. 이같이 우리가 메시지를 받고자 하여 주님을 사모하고 주님의 뜻을 구하면 주님이 기뻐하신다고 믿습니다. 단순히 내가 가진 지식 가지고 올라가 설교하는 것보다 우리의 그러한 자세를 기뻐 받으시고 메시지를 주시는 하나님입니다. 성경 말씀을 많이 읽고 연구하고 묵상하고 순종하는 과정을 통하여 우리는 설교자로 성장하여야 합니다.

에바다의 원리

31) 예수께서 다시 두로 지경에서 나와 시돈을 지나고 데가볼리 지경을 통과하여 갈릴리 호수에 이르시매 32) 사람들이 귀먹고 어눌한 자를 데리고 예수께 나아와 안수하여 주시기를 간구하거늘 33) 예수께서 그 사람을 따로 데리고 무리를 떠나사 손가락을 그의 양 귀에 넣고

침 뱉아 그의 혀에 손을 대시며 34) 하늘을 우러러 탄식하시며 그에게 이르시되 에바다 하시니 이는 열리라는 뜻이라 35) 그의 귀가 열리고 혀의 맺힌 것이 곧 풀려 말이 분명하더라. 36) 예수께서 저희에게 경계하사 아무에게라도 이르지 말라 하시되 경계하실수록 저희가 더욱 널리 전파하니 37) 사람들이 심히 놀라 가로되 그가 다 잘하였도다. 귀머거리도 듣게 하고 벙어리도 말하게 한다 하니라 (막 7:31-37).

사람들이 귀먹고 어눌한 자를 데리고 예수께 나왔습니다. 예수께서 저에게 명하시기를 '에바다' 즉 열리라 명하였습니다. 그랬더니 열렸습니다. 무엇이 열렸습니까? 먼저 귀가 열리고 그 다음에 혀가 풀렸습니다. 장애인 선교를 하는 친구에게 물었습니다. 듣지 못하고 말하는 자가 있는지 물어 보니 혀가 중간에 잘린다든지 하여 말하지 못해도 듣는 자는 있지만 듣지 못하는 자가 말하는 경우는 없다는 것입니다. 그래서 이 에바다의 사건에서 설교의 원리를 깨닫게 되었습니다.

설교는 하나님의 말씀을 대언하는 것입니다. 하나님의 메시지를 선포하는 것입니다. 그러기에 설교자가 하나님의 말씀을 듣지 못한 채로 말한다는 것은 불가능합니다. 설교자는 먼저 하나님의 말씀을 들어야 합니다. 듣지 못하고 말하는 것은 불가능합니다. 수많은 설교가 왜 단순한 감상거리가 되는 것입니까?

그것은 인간의 수사학에 의한 자기 지식과 자기 신념과 자기 사상의 발표이기 때문입니다. 그렇기 때문에 사람들은 설교를 듣고도 하나님을 만나지 못하고 영이 살지 못하고 삶이 변화되지 않습니다. 그러므로 설교자의 제일 과제는 하나님의 말씀을 듣는 작업입니다. 하나님의 말씀을 말하려면 하나님의 말씀을 들어야 합니다. 설교자의 시간은 하나님의 말씀을 듣는 데에 오히려 사용되어야 합니다. 말하기 전에 들어야 합니다. 하나님의 말씀을 듣기 위해 성경을 연구할 뿐 아니라 깊이 묵상하는 노력을 해야 할 것입니다.

캐나다 캘거리에서 한인 목회자 영성훈련을 할 때 매우 곤경에 처했던 목사님이 훈련 받으러 왔습니다. 말하자면 쫓겨 날 위기에 있는 목사님이었지요. 그분이 한 주간 훈련 받으면서 영성의 불이 살아났습니다. 그분의 고백대로는 이렇게 말하더군요.

"그동안 나는 성경이 진리들을 교리로 가르치고 신학으로 가르쳤는데 이강천 목사님은 메시지로 가르치고 살아있는 현재적 생명으로 가르치는 것이 다르다는 것을 깨달았습니다."

그러더니 이 원리대로 그 다음 주부터 설교를 했습니다. 설교가 대단한 감동을 일으켰습니다. 사모님이 먼저 놀래 가지고 다음 주에는 따라 올라와 훈련을 받았습니다. 그리고 성도들도 살아있는 설교를 듣더니 살아나고 치유되고 변화가 되었습니다. 변화된 성도들은 목사님 떠나시지 말라고 저희가 잘못했다고 고백하며 목사님을 붙들었습니다. 그 목사님은 설교의 영성을 안 후 감격스러운 목회를 하였고, 그 교회는 크게 부흥하고 건물도 구입하는 축복을 누리게 되었습니다.

대언의 원리

4) 또 내게 이르시되 너는 이 모든 뼈에게 대언하여 이르기를 너희 마른 뼈들아 여호와의 말씀을 들을지어다. 5) 주 여호와께서 이 뼈들에게 말씀하시기를 내가 생기로 너희에게 들어가게 하리니 너희가 살리라 6) 너희 위에 힘줄을 두고 살을 입히고 가죽으로 덮고 너희 속에 생기를 두리니 너희가 살리라 또 나를 여호와인 줄 알리라 하셨다 하라 7) 이에 내가 명을 좇아 대언하니 대언할 때에 소리가 나고 움직이더니 이 뼈, 저 뼈가 들어맞아서 뼈들이 서로 연락하더라. 8) 내가 또 보니 그 뼈에 힘줄이 생기고 살이 오르며 그 위에 가죽이 덮이나 그 속에 생기는 없더라. 9) 또 내게 이르시되 인자야 너는 생기를 향하여 대언

설교는
하나님의 말씀을 대언하는 것입니다.
하나님의 메시지를 선포하는 것입니다.
그러기에 설교자가
하나님의 말씀을 듣지 못한 채로
말한다는 것은 불가능합니다.
설교자는 먼저
하나님의 말씀을 들어야 합니다.

Living Worship

하라 생기에게 대언하여 이르기를 주 여호와의 말씀에 생기야 사방에서부터 와서 이 사망을 당한 자에게 불어서 살게 하라 하셨다 하라 (겔 37:4-9).

설교를 다른 각도에서 생각해 보기로 합니다. 그것은 대언의 원리입니다. 에스겔이 환상에서 마른 뼈들이 뒹구는 것을 보았습니다. 하나님이 이 마른 뼈와 같은 이스라엘을 부흥케 하고 다시 살리실 것을 보이기 위하여 주신 환상이었습니다. 이 마른 뼈들을 향하여 대언하라고 하십니다.

"내가 생기로 너희에게 들어가게 하리니 너희가 살리라."

이렇게 대언하라 하십니다. 하나님은 그냥 뼈들에게 직접 말씀하실 수 있고 뼈들에게 직접 명령하실 수 있을 것이지만 선지자에게 대언하라 하십니다. 우리의 설교는 하나님의 메시지를 대언하는 것입니다. 설교자는 하나님이 주시는 메시지를 대언해야 합니다. 에스겔이 뼈들에게 대언하였을 때에 소리가 나고 움직이더니 이 뼈 저 뼈가 들어맞아서 뼈들이 연락하고 힘줄이 생기고 살이 오르며 가죽이 덮여 사람의 형체를 이루게 되었습니다.

또 다시 대언하라 하시기를

"생기야 사방에서부터 와서 이 사망을 당한 자에게 불어서 살게 하라."

고 하였고 선지자가 대언하니 생기가 불어 형체를 이룬 사람들이 살아났고 주의 군대를 이루었습니다. 설교도 이와 같은 것이어야 합니다. 하나님의 메시지를 받아 대언하고 그 하나님의 메시지는 큰 역사를 이루게 되는 것입니다. 설교는 생기를 불어 넣는 역사이기도 합니다. 하나님의 말씀이 선포되는 현장은 생명의 역사, 생기의 역사가 일어납니다. 설교는 살아 있는 하나님의 말씀을 대언하여 선포하는 것입니다. 이 하나님의 말씀의 대언 선포현장에는 하나님의 말씀의 역사가 일어납니다. 설교자는 이것을 믿고 설교해야 합니다. 하나님의 말씀은 살아 있습니다. 하나님의 말씀은 운동력이 있어 좌우에 날선 어떤 검보다도 예리하여 혼과 영과 및 관절과 골수를 찔러 쪼개기까지 하며 또 마음의 생각과 뜻을 감찰하십니다(히 4:12).

설교란 단순한 성경 해석이 아니라 살아계신 하나님의 말씀을 대언하는 것입니다. 그리고 그 대언 속에는 언제나 생명과 말씀의 역사가 일어납니다. 설교는 이 생명의 말씀을 대언하는 것이고 말씀을 통하여 하나님의 역사를 일으키는 일입니다.

저는 설교할 때 종종 그 말씀과 함께 주님이 말씀의 역사를 일으키고 있다는 것을 직접 경험합니다. 즉 말씀 듣다가 치유가 일어난다는 것입니다. 말씀 사역은 어떤 개념을 가르치는 사역이 아닙니다. 대언의 사역입니다. 그리고 하나님의 말씀은 그 말씀이 역사를 일으킵니다.

서울에 있는 한 교회에서 부흥회를 인도하며 설교를 하였습니다. 첫날에는 남자분이 부추겨서 어느 여자 성도가 와서 뒷좌석에 앉아 은혜를 받았습니다. 다음날도 그렇게 부추김을 받고 맨 뒷자리에 앉아 설교를 들었습니다. 그런데 다음날에는 우리가 저녁 식사를 하고 들어오는데 일찌감치 그 여성이 스스로 걸어서 예배당으로 들어가고 부추기던 남자는 뒤따라 걸었습니다. 우리가 가서 그분들을 만나게 되자 남자가 말했습니다. "목사님, 우리 사장님이 어제 설교를 듣다가 몸이 고침을 받았습니다. 보세요! 혼자 걸어 들어갑니다." 그 남자는 남편이 아니었고 기사였던 모양입니다. 알고 보니 이 여자 분은 교통사고를 당하여 허리가 다치고 그 교회 가까운 병원에 입원 중에 있었습니다. 자기 교회도 아니었는데 부흥회 전단을 보고 기사에게 부탁하여 부추김 받으면서 은혜 받으러 왔던 것입니다.

그리고 말씀이 선포되는 현장에서 하나님의 그 말씀의 능력으로 치유되었습니다. 말씀은 살아있는 생명과 능력이 있습니다. 말씀을 대언하게 되면 생명의 역사, 치유의 역사, 해방의 역사, 변화의 역사가 일어납니다.

묵상의 원리

15) 내가 주의 법도를 묵상하며 주의 도에 주의하며 16) 주의 율례를 즐거워하며 주의 말씀을 잊지 아니하리이다. 17) 주의 종을 후대하여 살게 하소서 그리하시면 주의 말씀을 지키리이다. 18) 내 눈을 열어서 주의 법의 기이한 것을 보게 하소서 19) 나는 땅에서 객이 되었사오니 주의 계명을 내게 숨기지 마소서 20) 주의 규례를 항상 사모함으로 내 마음이 상하나이다 (시 119:15-20).

147) 내가 새벽 전에 부르짖으며 주의 말씀을 바랐사오며 148) 주의 말씀을 묵상하려고 내 눈이 야경이 깊기 전에 깨었나이다 (시 119:147).

진정한 의미에서 예언이나 대언은 하나님이 말씀을 주실 때만 가능합니다. 그런데 설교자는 시간이 되면 설교해야 합니다. 그러기에 설교가 예언이나 대언만으로 이루어질 수 없습니다. 설교는 정기적으로 이루어져야 하기 때문입니다. 이 갭을 이어주는 무엇이 있어야 합니다.

그래서 우리는 하나님의 뜻을 찾고 하나님의 메시지를 구하게 되는 것입니다. 그렇다면 어떻게 해야 하나님의 메시지를 구할 수 있을까요? 우리가 할 수 있는 일은 이미 주어진 기록된 언어로서의 하나님의 말씀인 성경을 읽고 묵상하는 것입니다. 기도와 묵상이라 하겠지요. 기도와 하나님의 말씀 묵상의 과정을 통하여 우리는 하나님의 뜻과 메시지를 구할 수 있습니다. 그러므로 설교자는 부지런히 기도하고 하나님의 말씀을 묵상하여야 합니다. 그래야 하나님께서 주시는 영감으로 메시지를 받아서 설교를 잘 할 수 있습니다.

권위의 원리

21) 저희가 가버나움에 들어가니라. 예수께서 곧 안식일에 회당에 들어가 가르치시매 22) 뭇 사람이 그의 교훈에 놀라니 이는 그 가르치시는 것이 권세 있는 자와 같고 서기관들과 같지 아니함일러라 (막 1:21-22).

내가 아무것도 스스로 할 수 없노라 듣는 대로 심판하노니 나는 나의 원대로 하려 하지 않고 나를 보내신 이의 원대로 하려는 고로 내 심판은 의로우니라 (요 5:30).

설교란
단순한 성경 해석이 아니라
살아계신 하나님의 말씀을
대언하는 것입니다.
그리고 그 대언 속에는 언제나
생명과 말씀의 역사가 일어납니다.
설교는 이 생명의 말씀을
대언하는 것이고 말씀을 통하여
하나님의 역사를 일으키는 일입니다.

Living Worship

> 나는 아버지 안에 있고 아버지는 내 안에 계신 것을 네가 믿지 아니하느냐 내가 너희에게 이르는 말이 스스로 하는 것이 아니라 아버지께서 내 안에 계셔 그의 일을 하시는 것이라 (요 14:10).

예수님의 설교는 권세가 있다고 사람들이 감탄했습니다. 예수님의 설교를 교묘한 논리로 대적하는 자들이 있었지만 한번도 이긴 적이 없었습니다. 그 이유는 예수님의 설교가 권위가 있고 근거가 분명한 설교를 하셨기 때문입니다. 예수님의 설교의 권위는 어디에 기인하고 있을까요? 예수님의 설교에 힘이 있고 권위가 있는 것은 그 메시지가 진실로 하나님께로부터 온 것이기 때문입니다. 예수님 자신이 말씀하신대로 "나의 원대로 하려하지 않고 나를 보내신 이의 원대로 하려" 하기 때문입니다. 스스로 하는 말이 아니라 하나님이 말씀 하시는 것을 말하기 때문입니다.

오늘날 우리의 설교가 권위가 있게 되려면 설교자 임의로 설교하는 것이 아니라 객관적인 성경 말씀을 통하여 하나님이 주신 메시지를 전하는데 주력해야 합니다. 설교의 객관성과 주관성이 만나는 자리에서 설교의 권위는 강력하게 서는 것입니다. 객관성이란 성경에 분명 계시된 내용이어야 한다는 것입니다. 우리 훈련원 수료식에 한 원로 목사님을 초대하여 설교하시게 하였습니다. 그런데 이분이 바나바훈련원 수료식이라 하여 바나바를 주제로 설교하게 되었나 봅니다. 바나바와 같은 사람이 되라는 내용의 설교였습니다.

첫째는 바나바처럼 착한 사람이 되어야 한다. 둘째는 바나바처럼 성령과 믿음이 충만한 사람이 되어야 한다고 설교했습니다. 여기까지는 감동적이고 은혜롭게 진행되었습니다. 그런데 세 번째는 하고 설교하는 내용이 "바나바는 권위의 사람이었습니다. 바나바처럼 권위가 있는 목사가 되어야 합니다. 권위를 상실한 목사는 설 자리가 없습니다."라고 설교하자 장내는 매우 썰렁해졌습니다. 왜 그렇겠습니까? 성경에서 말한 바나바가 권위의 사람이었다는 것은 권면하고 위로하는 사람이었다는 뜻인데 목사님은 권위(Authority)가 있는 사람이라고 설교하였기 때문입니다. 이는 객관적 근거를 잃은 사례라고 할 수 있습니다. 여기서 설교자의 권위는 추락하고 말았던 것입니다. 권위가 있어야 한다고 설교하는 그 설교가 오히려 권위가 떨어져 버리고 말았습니다. 권위는 객관적으로 하나님의 말씀에 근거해야 하기 때문입니다.

동시에 설교의 권위는 주관성이 있어야 합니다. 설교의 권위는 단순히 성경을 강해하거나 주석한다고 하여서 살아나는 것은 아닙니다. 그 객관적 말씀을 성령의 감동하심으로 주관적으로 곱씹어 설교자의 가슴에서 충분히 숙성된 메시지를 선하여야 합니다. 설교는 객관성의 토대 위에서 주관적으로 체험한 메시지일 때 가장 강력한 권위와 능력을 지니게 되는 것입니다.

성령의 원리

38) 베드로가 가로되 너희가 회개하여 각각 예수 그리스도의 이름으로 세례를 받고 죄 사함을 얻으라. 그리하면 성령을 선물로 받으리니 39) 이 약속은 너희와 너희 자녀와 모든 먼 데 사람 곧 주 우리 하나님이 얼마든지 부르시는 자들에게 하신 것이라 하고 40) 또 여러 말로 확증하며 권하여 가로되 너희가 이 패역한 세대에서 구원을 받으라 하니 41) 그 말을 받는 사람들은 세례를 받으매 이 날에 *제자의 수가 삼천이나 더하더라* (행 2:38-41).

내가 말을 시작할 때에 성령이 저희에게 임하시기를 처음 우리에게 하신 것과 같이 하는지라 (행 11:15).

4) 내 말과 내 전도함이 지혜의 권하는 말로 하지 아니하고 다만 성령의 나타남과 능력으로 하여 5) 너희 믿음이 사람의 지혜에 있지 아니하고 다만 하나님의 능력에 있게 하려 하였노라 (고전 2:4-5).

결국 객관적 성경의 진리는 체험된 진리로, 보편적 진리는 그 날의 특수한 메시지로, 기록된 언어는 현재적 언어로 전달되어야 합니다. 이것은 성령께서 하시는 일입니다. 그러므로 우리의 설교는 철저하게 성령님께 의존되어 있습니다. 설교의 영성이 살아있게 되는 것은 성령님의 은혜입니다. 성령으로 설교가 이루어질 때 한번 설교에 3천명이 회개하는 일도 가능해 집니다. 예수님의 설교가 성령으로 하는 설교였고 베드로의 설교가 성령으로 하는 설교였으며 바울사도가 하는 설교가 성령으로 하는 설교였습니다.

설교하다 보면 설교자도 압니다. 그날 성령으로 설교하였는지 자신의 언어로 설교하고 있었는지 알게 됩니다. 성령으로 설교할 때는 설교자도 성령의 감동 속에 있습니다. 그리고 힘든 줄도 모르고 자연스럽습니다. 그러나 성령으로 하지 못할 때는 힘만 들고 감동이 없고 능력이 없습니다. 우리는 성령으로 설교하기를 사모해야 하고 성령으로 설교하기를 위하여 기도해야 합니다.

성령으로 설교하게 되면 단순한 지적 동의를 일으키는 것이 아니라 말씀이 생명으로 움직입니다. 하나님의 말씀은 곧 창조요 생명이요 역사입니다. 하나님의 말씀이 선포됨으로 무에서 유가 창조되었듯이 하나님의 말씀은 살아 있고 운동력이 있습니다. 성령으로 기름 부은바 된 언어 즉 성령의 언어로 선포되는 말씀은 그대로 역사를 일으킵니다. 그 말씀이 영혼에 부딪쳐 영혼이 살아납니다. 그 말씀이 육체에 임하여 치유가 일어납니다.

제가 성령으로 설교하였을 때 설교를 듣던 성도들이 회개하고 육체의 질병까지 치유되는 역사가 일어났습니다. 그리고 다른 목사님들에게 성령으로 설교하기를 사모하고 기도하도록 했을 때 그 목사님들의 입에서도 간증이 나왔습니다. "목사님 제 설교를 듣다가 치유 받은 간증이 나오고 있습니다" 하는 것이었습니다. 설교 속에 성령님이 운행하시고 역사하셨다는 증거인 셈이지요. 설교는 단순한 해설이 아니고 하나님이 오시고 하나님이 말씀하시고 하나님이 역사하시는 과정입니다. 우리는 성령님께 의존하여 성령의 언어로 설교하기를 사모하고 간구하고 기대하고 믿어야 합니다. 설교의 영성은 결국 성령님의 은혜로 생겨나는 것입니다.

생명의 원리(살리는 영)

> 살리는 것은 영이니 육은 무익하니라. 내가 너희에게 이른 말이 영이요 생명이라 (요 6:63).

설교는 생명 자체를 전달하는 과정이 되어야 합니다. 살리는 것은 영입니다. 살리는 것은 육이 아니요 단순한 지식이 아니라 영입니다. 말씀이 곧 살리는 영입니다. 살리는 영으로서의 말씀이 선포되어야 합니다. 그러니까 성령으로 기름 부은바 된 말씀은 살리는 영으로 역사하는 것입니다.

살리는 영으로 선포되는 설교가 되기를 사모하고 기도하십시오. 영성 있는 설교를 하도록 기도하십시오. 영성이 빠진 설교는 울리는 꽹과리요 무의미한 소리요 떠드는 소리에 불과합니다. 영성 있는 설교가 영을 살리고 상처를 치유하고 회개와 변화를 일으키고 질병을 치유하고 인생을 바로 세우는 설교가 될 것입니다. 그러므로 설교의 영성을 살리시길 바랍니다.

04
생동감 넘치는 설교

설교의 영성이 충만하면 거기서 회중은 하나님을 만납니다. 충만한 영성의 설교를 들으미 회중은 하나님의 음성을 듣고 영이 살아납니다. 그러면 그들의 마음이 변화되고 삶이 치유되고 병이 고침 받는 역사가 일어납니다. 또한 그러한 과정에서 일어나는 감격이 진정한 예배를 드리도록 이끌어줍니다.

04 생동감 넘치는 설교

앞에서 예배에 있어서 찬양의 중요성을 많이 강조하였는데 그것은 설교가 중요하지 않아서가 아니라 지나치게 찬양을 설교의 시녀로 만들어 놓은 우리의 오류를 지적하고 싶었기 때문입니다. 찬양도 중요하지만 예배가 사느냐 죽느냐 하는 일에 설교가 가장 중대한 영향을 끼친다는 것은 엄연한 현실입니다.

설교의 영성이 충만하면 거기서 회중은 하나님을 만납니다. 충만한 영성의 설교를 들으며 회중은 하나님의 음성을 듣고 영이 살아납니다. 그러면 그들의 마음이 변화되고 삶이 치유되고 병이 고침 받는 역사가 일어납니다. 또한 그러한 과정에서 일어나는 감격이 진정한 예배를 드리도록 이끌어 줍니다. 그러므로 설교야말로 예배갱신에 있어 가장 중요한 요소입니다.

예배갱신을 위해 강해설교를 권장하고자 합니다. 물론 강해설교만이 진정한 설교라는 식의 지나친 강조는 삼가해야합니다. 그러나 우리가 진지한 설교를 추구할 때 강해설교가 크게 축복이 되는 것은 사실입니다. 강해설교의 이해로부터 준비과정과 설교시행까지 간단히 살펴보기로 하지요.

강해설교란 무엇인가?

설교는 하나님과 회중의 만남을 지향하기 때문에 하나님과 회중이라는 두 요소에 관심을 가져야 하여야 합니다. 또 설교는 이미 기록된 성경 말씀을 오늘의 회중에게 메시지로 선포해야 하기 때문에 텍스트로서의 성경과 콘텍스트로서의 회중의 오늘이라는 두 차원을 또한 고려해야 합니다.

따라서 설교는 크게 두 가지 접근법을 가지고 있습니다. 하나는 성경이라는 텍스트가 무엇을 말씀하시는지를 살피고 그것이 오늘에 어떻게 적용되어 회중에게 다가오는지를 살피는 것입니다.

그래서 텍스트에서 시작하여 콘텍스트로 나아가는 접근법을 갖는 방식이 있습니다. 이것을 강해설교라 부릅니다. 다른 하나는 오늘의 콘텍스트, 즉 상황을 먼저 생각합니다. 그리고 이러한 콘텍스트에 있는 회중에게 하나님은 무엇을 말씀하시겠는가를 살피고 오늘의 회중의 상황에 하나님의 성경 말씀을 끌어와 선포하는 접근 즉 콘텍스트에서 텍스트로 나아가는 접근

법입니다. 이를 주제설교라 부르게 됩니다.

　어느 것이 옳으냐는 판가름하기 어렵습니다. 진지하게 콘텍스트를 살피고 텍스트를 추구하나 텍스트를 진지하게 탐구하고 콘텍스트로 나아가나 하나님께 의지하고 질문하는 자세로 나아가 성령의 인도를 받게 되면 결국은 같은 지점에서 만나게 될 것입니다. 하지만 유한한 인간이 보다 더 진지한 탐구를 할 수 있게 하는 것은 텍스트에서 먼저 진지한 탐구를 하는 것이라고 생각합니다. 오직 이 한 가지 점 즉 설교자가 먼저 성경을 진지하게 탐구하는 습관을 길러준다는 데서 텍스트에서 콘텍스트로 나아가는 설교의 접근법을 권장하고 싶다는 것입니다. 그리고 이것이 강해설교입니다.

　그러나 강해설교를 오해해서는 안 됩니다. 강해와 강해설교는 다릅니다. 강해는 성경 본문을 객관적으로 해석하여 강의하는 것입니다. 그러나 강해설교는 단순한 강해가 아닙니다. 그 성경 말씀이 오늘이라는 콘텍스트와 만나는 점을 찾아야 하고 거기에 선포되는 살아있는 메시지를 찾아야 합니다. 설교는 단순히 지식을 전하거나 지식을 설명해 주는 것이 아니고 하나님과 회중으로 하여금 서로 만나게 하는 것입니다.

　회중으로 하여금 살아계신 하나님의 메시지를 듣게 하는 것이 설교입니다. 그러므로 단순한 강해는 아직 설교가 아닙니다. 강해설교란 강해를 먼저하고 그 강해된 성경 말씀이 메시지로 변환되어 회중에게 선포되는 것입니다.

단순히 강해만 한다면 그것은 강의실에서 강의하는 것이지 설교는 아닙니다. 설교는 강해로 끝나는 것이 아니라 메시지를 선포하는 영적 작업이 되어야 합니다. 그래서 강해설교를 하다 보면 성경연구라는 진지한 탐구가 전제되고 그리고는 진지한 묵상과 기도를 통하여 살아계신 하나님을 만나고 그 하나님이 오늘 회중에게 말씀하시는 말씀을 함께 듣게 되는 과정이 됩니다.

그러고 보면 강해설교는 두 기둥의 원리가 있음을 봅니다. 하나는 강해라는 기둥으로 이는 성경 텍스트에 대한 진지한 탐구 과정입니다. 성경을 객관적으로 연구하고 탐구하여야 합니다. 또 하나의 기둥은 설교라는 기둥입니다. 설교과정은 단순한 객관적 지식으로 끝나는 것이 아니라 그 객관적 계시를 근거로 하나님이 오늘 우리에게 주시는 살아있는 메시지를 탐구하는 일입니다. 즉 오늘의 상황을 탐구하면서 우리에게 주시는 메시지를 받는 과정입니다. 이는 깊은 묵상과 기도로 수행하는 과정입니다. 여기서 하나님과 회중이 만나는 설교과정이 이루어지는 것입니다.

강해설교 준비의 3대원칙

우리는 강해설교를 진지하게 이루기 위하여 다음과 같은 강해설교 준비의 3대원칙을 기억할 필요가 있습니다.

첫째, 객관적인 성경연구에 진지하게 임하라.

하나님은 우리에게 직접 말씀하실 수 있고 경우에 따라서는 그렇게 하시기도 합니다. 그러나 하나님은 이미 우리에게 보편적이고 객관적인 계시로서 성경을 주셨습니다. 오늘날 우리가 하나님의 뜻을 알고 마음을 알고 그분의 메시지를 받는 일반적인 방법은 성경을 통하여 받는 것입니다. 그러므로 우리는 먼저 성경말씀에 대한 객관적인 연구에 진지할 필요가 있는 것입니다. 텍스트 자체의 전체 구조에서 보는 문맥 연구와 기록될 당시의 사회 문화적 배경 연구와 히브리어나 헬라어의 언어 연구 그리고 나서 관주성경 연구등 진지한 연구와 탐구를 수행해야 합니다.

둘째, 회중의 오늘을 탐구하며 메시지를 받는데 심혈을 기울이라.

그런 후에는 연구한 것을 발표하는 식으로 설교를 해서는 안 됩니다. 설교는 단순한 연구발표가 아니라 과거에 기록된 말씀이 오늘의 메시지로 전환되어야 합니다. 이를 위하여 오늘 우리 삶의 정황을 탐구하고 회중들의 삶의 상황을 탐구해야 합니다. 예수님은 항상 무리를 보시고 그들의 필요를 고려하면서 하나님의 진리와 뜻을 선포하고 가르치셨습니다. 우리도 회중의 오늘을 탐구하고 끌어안고 주님 앞에 씨름하며 주님이 오늘 우리에게 주시는 메시지를 들어야 합니다. 주님이 주시는 메시지를 들음으로서 비로소 설교를 할 수 있게 됩니다. 객관적 계시가 오늘의 회중이라는 구체적 대상과 만나야 하는 것입니다. 설교란 보편적 객과적 진리가 현재적 구체적 실존적 회중에게 성육신되는 과정을 말합니다.

셋째, 성령의 기름 부으심을 간구하고 전 과정 성령님을 의지하라.

이러한 과정은 성령님의 은혜 안에서 이루어져야 합니다. 성경말씀을 연구할 때도 성령님이 빛을 주시기를 기도하고 더구나 오늘의 메시지를 받는데는 결정적으로 성령의 음성을 들어야 합니다. 나아가서 설교가 선포 되는 현장, 그 시간에 성령님이 운행하시면서 설교자 자신을 사로잡고 사용하시며 회중 가운데 운행하시며 말씀 하시고 역사하시기를 사모하고 기도하여야 합니다.

강해 설교 준비과정

> 1) 평소에 성경을 통독해 나간다.
> 2) 하나의 책을 기도하고 정한다.
> 3) 그 책을 전체적으로 읽고 대의를 파악한다.
> 4) 그 책을 정독하면서 문단나누기를 한다.
> 5) 그 주의 분량을 주초에 묵상하며 다시 연구한다.
> 6) 객관적으로 연구한 내용 중에서 기도하며 메시지를 받는다.
> 7) 메시지에 확증 성구와 예화 등을 사용하며 설교로 구성한다.
> 8) 설교에 기름 부으심을 위하여 기도한다.
> 9) 성령님을 의지하고 확신으로 설교한다.

1) 평소에 성경을 통독해 나간다.

우선 평소에 성경을 통독하는 습관을 가지고 읽어나가는 것이 필요합니다. 성경을 전체적으로 이해하는 안목을 가져야 하기 때문입니다. 많이 읽을수록 전체적으로 어떤 구조로 성경이 흘러가는가를 이해하게 되고 그렇게 되어야 독단적으로 성경

강해설교 준비의 3대원칙

첫째, 객관적인 성경연구에
진지하게 임하라.

둘째, 회중의 오늘을 탐구하며 메시지를
받는데 심혈을 기울이라.

셋째, 성령의 기름 부으심을 간구하고
전 과정 성령님을 의지하라.

Living Worship

을 해석하지 않게 됩니다.

2) 하나의 책을 기도하고 정한다.

통독은 일상적으로 하는 것이고 설교하기 위해서는 성경 66권 중 한 책을 정해야 합니다. 한 책을 정하여 처음부터 끝까지 차례로 설교해 나가는 것을 일반적인 원칙으로 생각합니다. 그래서 기도하고 책을 정하는 일이 선행되겠지요. 창세기에서 시작하여 차례로 요한계시록으로 설교하는 경우도 있을 수는 있지만 꼭 그래야 하는 것은 아닙니다. 구약과 신약의 대략적인 짝을 이해한다면 구약에서 한 책 신약에서 한 책 교대로 행할 수도 있을 것입니다.

여기서 참고로 말하지만 강해설교를 해 나간다고 해서 매주 그 차례대로만 설교해야 하는 것은 아닙니다. 어느 주일에는 성령의 감동과 시기적인 필요에 의하여 강해 설교를 잠시 접어 두고 제목 설교를 할 수도 있습니다. 그리고 다시 강해 설교로 이어가면 되는 것이지요. 하여튼 강해 설교를 하려면 강해 설교를 행할 텍스트로서의 한 책을 선정하게 됩니다. 여기서는 연습상 창세기를 선택한 것으로 가정해 보겠습니다.

3) 그 책을 전체적으로 읽고 대의를 파악한다.

정하게 된 책을 전체적으로 읽습니다. 여러 번 읽어서 전체적인 그 책의 구조와 그 책의 대의를 파악합니다. 분량이 적은 책은 단숨에 읽어 쉽게 파악할 수도 있겠지만 분량이 많은 책은 읽기에 쉽지 않고 파악이 어려울 수도 있습니다. 그렇기 때문에 구조와 대의가 파악될 만큼 여러 번 읽어야 합니다. 창세기를 예로 들면 다음과 같이 파악될 것입니다.

> 창세기는 그 구조상 크게 두 부분으로 구성되어 있다. 1-11장은 보다 넓은 보편적 역사이면서 창조, 타락, 홍수, 바벨 이라는 사건 중심으로 기록되었고 12-50장은 더 구체적인 구원사를 보여 주며 아브라함, 이삭, 야곱, 요셉이라는 인물 중심으로 기록되어 있다. 그리고 창세기는 천지 창조, 인간의 타락과 구원의 역사의 시작이라는 성경 전체의 총체적인 내용의 중요한 열쇠가 담겨진 책이라는 대의가 파악될 수 있다.

파악된 구조와 대의를 도표화하며 묵상하는 것은 계속적인 연구에 도움이 될 것입니다.

창 세 기

창조와 구원의 하나님						
1~11장 보편사 / 사건 중심			1~50장 구원사 / 사건 중심			
1:1 2:25 창조	3:1~ 5:32 타락	6:1~ 9:29 홍수	10:1~ 11:32 바벨	12:1~ 23:20 아브라함	24:1~ 26:35 이삭	27:1~ 36:43 야곱	37:1~ 50:26 요셉

4) 그 책을 정독하면서 문단 나누기를 한다.

이제 큰 틀에서 구조와 대의가 파악되었으면 다시 정독하면서 책 전체의 문단 나누기를 해 봅니다. 큰 구조에서 조금 더 세분화된 문단 나누기를 시도하는 것입니다. 문단 나누기만 해도 그 책을 전체적으로 거의 이해하게 되었다고 할 수 있습니다. 물론 읽고 또 읽고 연구하다 보면 처음 나눈 문단 나누기가 수정되어야 할 때도 있지만 일단은 전체 문맥을 파악하면서 문단 나누기를 하면 객관적 · 귀납적 연구를 할 수 있습니다.

보 편 사

1~11장 역사의 시작 / 보편사							
창조			타락		홍수		바벨	
1:1 천지 창조	1:2 2:4 땅의 조성	2:5~ 25 인간 조성	3:1 ~24 인간 타락	4:1~ 5:32 두줄기 역사	6:1~ 7 홍수 심판	8:1~ 9:29 무지개 언약	10:1~ 32 열국	11:1 ~32 바벨

문단 나누기를 하다보면 1장에서 11장까지의 보편사만 해도 크게 볼 때는 창조·타락·홍수·바벨이라는 4가지 사건으로 나눌 수 있습니다. 또한 4가지의 사건 역시 각각 두 부분씩으로 나눌 수 있다는 것을 알게 됩니다.

여기서 다시 읽고 더 세분화된 문단 나누기를 합니다. 그렇게 1장 1절에서 2장 4절까지만 해 보면 아래 단과 같이 세분화된 문단 나누기가 이루어집니다.

```
1:1        ----- 천지창조
1:2-2:4    --- 땅의 조성
2:4a-25    --- 인간 조성 (에덴동산)
3:1-24     --- 인간의 타락
4:1-5:32   --- 두 줄기의 역사
6:1-7:24   --- 홍수 심판
8:1-9:29   --- 무지개 언약
10:1-32    --- 열국
11:1-32    --- 바벨
           1:1     ----- 천지 (창조자)
           1:2     ----- 미완성 지구
           1:3-5   --- 첫째 날
           1:6-8        둘째 날
           1:9-13  --- 셋째 날
           1:14-19 --- 넷째 날
           1:20-23 --- 다섯째 날
           1:24-31 --- 여섯째 날
           2:1-3   --- 일곱째 날
           2:4     ----- 마감 말
```

5) 각 주의 분량을 주초에 묵상하며 다시 연구한다.

이제 그 주에 설교할 문단에 더욱 집중하여 연구합니다. 여기서는 할 수 있는 또는 필요한 모든 수단과 방법을 동원하여 진지한 연구를 시도합니다. 여기서는 콘텍스트, 배경, 언어, 관주 연구를 다 종합하는 것입니다. 그리고 이를 질문 형식으로 물으면서 연구해 나가면 나중에 교재로 만들 수도 있고 연구에 도움이 됩니다. 연구하면서 바로 바로 기록해 나갑니다. 처음 기록을 수정할 경우도 많습니다만 일단 발견되고 깨달아지는 대로 기록하는 것입니다. 창세기 예로 들어가 봅시다.

설교연구과정 1

창조자 (창 1:1)

태초에 하나님이 천지를 창조하시니라.

1. 성경의 첫 문장은 어떤 성격의 것인가?

성경의 첫 문장은 놀랍게도 선포의 문장으로 되어 있다. 단순히 해설하려는 서술문이 아니고 또 증명하고 변론하고 설득하려는 변증문도 아니고 선포하는 메시지로 되어 있다. 달리 말하면 성경은 하나님의 계시의 책이라는 것이다. 천지창조에 대한 지식을 모세가 어디서 얻었겠는가? 이는 전적으로 하나님의 계시에 의하여 받은 것이다. 하나님이 말씀하신 것이다. 성경은 성경을 기록한 저자를 기준으로 하여 볼 때 저자 자신이 경험하고 있는 현재적 사건과 더불어 저자의 경험 이전의 역사와 아직 경험하지 못한 미래사를 함께 포함하고 있다. 아직 오지 아니하여 경험하지 못한 미래사를 성경의 저자들은 어떻게 아는가? 그것은 하나님의 계시로써만 가능하다. 성경저자가 경험하지 못한 훨씬 전 과거사를 어떻게 아는가? 그 역시 계시에 의하여 가능하다. 창세기 1장 1절은 성경이 하나님의 계시의 책이요, 하나님 자신이 선포하는 메시지임을 보여준다.

> 이는 엿새 동안에 나 여호와가 하늘과 땅과 바다와 그 가운데 모든 것을 만들고 제 칠일에 쉬었음이라 그러므로 나 여호와가 안식일을 복되게 하여 그 날을 거룩하게 하였느니라 (출 20:11).

> 주의 손가락으로 만드신 주의 하늘과 주의 베풀어 누신 달과 별들을 내가 보오니 사람이 무엇이관대 주께서 저를 생각하시며 인자가 무엇이관대 주께서 저를 권고하시나이까 저를 천사보다 조금 못하게 하시고 영화와 존귀로 관을 씌우셨나이다. 주의 손으로 만드신 것을 다스리게 하시고 만물을 그 발 아래 두셨으니 곧 모든 우양과 들짐승이며

공중의 새와 바다의 어족과 해로에 다니는 것이니이다. 여호와 우리 주여 주의 이름이 온 땅에 어찌 그리 아름다운지요 (시 8:3-9).

예수께서 대답하여 가라사대 *사람을 지으신 이가 본래 저희를 남자와 여자로 만드시고* (마 19:4).

    이상에서 보듯이 성경은 하나님이 천지를 창조하였다는 대전제 하에서 시작되고 있다. 성경은 '하나님이 존재하느냐, 존재하지 않느냐' 하는 식의 변론 같은 것은 아예 없다. 이는 성경의 성격과 성경을 읽는 자의 자세를 규정지어 주는 특성이다. 성경은 하나님 말씀의 선포로 구성되어 있다. 이 말씀의 선포 앞에 읽는 자는 신앙으로 응답하여야 한다. 세상의 기원에 대하여 어떤 이들은 진화론을 주장하기도 한다. 진화론을 과학적인 것인 양 주장한다. 그러나 따지고 보면 진화론도 하나의 가설을 믿는 것이다. "태초에 아메바가 있었다. 그 아메바가 진화를 시작했다"는 가설을 믿으면서 그것을 증명해 보려고 근사한 자료들을 동원하여 설명하는 것이 진화론이고 "태초에 하나님이 천지를 창조하였다"는 선포를 믿는 것이 창조신앙이다. 아메바를 절대자로 믿기보다는 하나님을 절대자로 믿는 것이 훨씬 합리적일 것이다. 어쨌든 성경 말씀은 선포의 메시지이기에 우리가 성경을 읽을 때는 절대자 하나님의 선포 앞에 아멘으로, 믿음으로 응답하는 자세로 읽어야 한다.

2. 언제, 누가, 무엇을, 어떻게 창조하였나?

1) 태초에

태초(브레쉬트) : 시간과 공간 속에서 피조물의 절대적 시초를 의미한다. 이 태초에 하나님이 천지를 창조하였다는 말은 태초에 이미 하나님이 존재하였다는 말씀과 더불어 중요한 진리를 가르쳐준다.

태초에 하나님이 천지를 창조하시니라 (창 1:1).

여호와께서 그 조화의 시작 곧 태초에 일하시기 전에 나를 가지셨으며 (잠 8:22).

너희가 알지 못하였느냐 너희가 듣지 못하였느냐 태초부터 너희에게 전하지 아니하였느냐 땅이 기초가 창조될 때부터 너희가 깨닫지 못하였느냐 (사 40:21).

이상에서 보는바와 같이 태초는 "창조의 때" "조화의 시작" "땅의 기초가 창조될 때" 등 피조물이 창조되던 그 시작의 때를 말하고 있다. 따라서 시간과 공간의 우주의 역사가 하나님의 창조에 의하여 시작되었고, 그 이전에는 영원하신 무한 자존자 하나님 외에 아무것도 존재하지 않았음을 보여준다. 따라서 태초란 말은 태초 이전과 태초 이후를 구분 짓는 말이 되어, 태초 이전의 영원 자존자와 태초 이후의 피조물을 분명하게 구분 짓는 말이기도 하다.

> 과연 *태초로부터 나는 그니* 내 손에서 능히 건질 자가 없도다 내가 행하리니 누가 막으리요 (사 43:13).

> *태초에 말씀이 계시니라* 이 말씀이 하나님과 함께 계셨으니 이 말씀은 곧 하나님이시니라 (요 1:1).

> *태초부터 있는* 생명의 말씀에 관하여는 우리가 들은 바요 눈으로 본 바요 주목하고 우리 손으로 만진 바라 (요일 1:1).

> 아비들아 내가 너희에게 쓰는 것은 너희가 *태초부터 계신 이를 앎이* 요 청년들아 내가 너희에게 쓰는 것은 너희가 악한 자를 이기었음이니라 (요일 2:13).

이상의 말씀들은 태초에 이미 하나님이 존재하고 계셨음을 말해준다. 태초부터 계신 자존자 하나님이 피조 세계를 지으신 것이다. 그러므로 이 태초라고 하는 말은 하나님의 하나님 되심과 피조물의 피조물 됨을 분명하게 선언하여 준다. 우주 또는 자연은 하나님의 창조에 의해서 시작된 것임을 분명히 하고 있다.

2) 하나님이

　창조사역을 하신 하나님의 이름은 엘로힘으로서, 이 이름은 성경에 약 2570회가 사용되었다. 엘로힘은 "두려워하다" "경외하다"를 뜻하는 어근에서 파생된 말로서 복수형으로 되어 있다. 일반적으로 "엘"은 강하고 능력 있는 하나님을 의미한다. 성경에 많이 쓰인 하나님의 이름 중 "여호와"와 "엘"이 있는데 여호와는 사랑과 교제와 언약의 하나님을 나타내는 이름임에 비하여 엘은 전능자 절대자 하나님을 의미한다. 무에서 유를 창조하시는 이는 엘로힘의 하나님인 것이다. 또한 엘로힘은 복수형태이다. 복수 형태는 보통 "경외의 복수형"이라고 해석하기도 한다. 그러나 이는 잘 설명된 형태가 아니기는 하지만 창조기사에 삼위일체 하나님이 계시되고 있는 것과 관련하여 삼위일체 하나님 계시의 복수형이라고 해석한다.

3) 천지를

여기서 천지는 일반적으로 하나님이 창조하신 세계를 총칭한 것으로 본다. 하나님이 우주를 창조하셨다는 말이 된다. 그런데 이 본문에서 하늘은 복수로 되어 있고 땅은 단수로 되어 있다. 따라서 하늘은 여기서 천체들을 다 포함하는 것으로 보아야 할 것이다. 해와 달과 별들 모든 천체, 은하계, 태양계 등의 세계를 다 포함하는 말이 되는 셈이다. 따라서 이 말은 결국 우주 만물을 창조하신 말씀으로 보아야 한다.

> 우주와 그 가운데 있는 만유를 지으신 신께서는 천지의 주재시니 손으로 지은 전에 계시지 아니하시고 (행 17:24).

여기서 우주와 천지가 교차적으로 쓰인 것은 하나님이 천지를 창조하셨다는 말씀의 의미가 무엇인가를 보여준다. 그 의미는 하나님이 우주만물을 지으셨다는 것이다. 성경은 우주라는 표현이 거의 없고 우주를 나타내는 말로서 만물이라는 말이 더 자주 사용된다.

> 여호와께서 그 보좌를 하늘에 세우시고 그 정권으로 만유를 통치하시도다 (시 103:19).

바람의 길이 어떠함과 아이 밴 자의 태에서 뼈가 어떻게 자라는 것을 네가 알지 못함같이 *만사*를 성취하시는 하나님의 일을 네가 알지 못하느니라 (전 11:5).

네 구속자요 모태에서 너를 조성한 나 여호와가 말하노라 나는 *만물*을 *지*은 여호와라 나와 함께 한 자 없이 홀로 하늘을 폈으며 땅을 베풀었고 (사 44:24).

야곱의 분깃은 이 같지 아니하시니 그는 *만물의 조성 자*요 이스라엘은 그 산업의 지파라 그 이름은 만군의 여호와시니라 (렘 10:16).

'만유', '만사', '만물'이라는 말은 모두 피조 세계 전체를 나타내는 말로 사용되고 있고, 하나님이 온 우주를 창조하셨다는 대전제엔 아무런 불일치가 없다. 그러나 만물이란 말로 표현하지 아니하고 천지라는 말로 사용하고 있는 것은 이후에 성경 이야기가 땅에 관한 이야기로 집중되기 때문이다. 땅 말고 다른 하늘의 세계도 하나님이 만드셨다는 이미에서 천지란 말을 사용하고 있다고 볼 수 있다.

4) 창조하시니라

여기 창조에 해당하는 히브리어 '바라'는 철저히 신적 행위를 묘사하는 언어로서 그 의미는 절대적인 무에서 유를 창조했다는 뜻이다. 창세기 서두에 천지창조(1:1), 동물생명의 창조(1:21), 인간 창조(1:27)등 이 창조란 말이 세 번 나오는데, 모두 무에서 유를 창조하시는 하나님의 절대적 능력의 행위를 나타낸다.

> 여호와의 말씀으로 하늘이 지음이 되었으며 그 만상이 그 입 기운으로 이루었도다 (시 33:6).

> 저가 말씀하시매 이루었으며 명하시매 견고히 섰도다 (시 33:9).

> 대저 산들을 지으며 바람을 창조하며 자기 뜻을 사람에게 보이며 아침을 어둡게 하며 땅의 높은 데를 밟는 자는 그 이름이 만군의 하나님 여호와니라 (암 4:13).

> 기록된바 내가 너를 많은 민족의 조상으로 세웠다 하심과 같으니 그의 믿은바 하나님은 죽은 자를 살리시며 없는 것을 있는 것같이 부르시는 이시니라 (롬 4:17).

> 믿음으로 모든 *세계가 하나님의 말씀으로 지어진 줄을* 우리가 아나니 보이는 것은 나타난 것으로 말미암아 된 것이 아니니라 (히 11:3).

이 말씀들은 모두 무에서 유를 창조하신 하나님의 창조를 증거하고 있다.

설교연구과정2

미완성의 지구 (창 1:2)

> 땅이 혼돈하고 공허하며 흑암이 깊음 위에 있고 하나님의 신은 수면에 운행하시니라

1. 처음 만든 땅은 어떤 상태에 있었는가?

1) 혼돈

하나님께서 천지를 만드셨을 초기 그 땅은 지구를 의미하는 것으로서 이제부터 성경 이야기는 지구중심으로 진행된다. 구원사적인 강조에서 하늘에 관한 이야기는 여기서 불필요했을 것이기에 성경의 초점은 바로 지구로 내려왔다고 보겠다. 여기에서의 지구는 아직 미완성의 것으로 혼돈 가운데 있다. 혼돈

(토후)이란 원래 형태가 없음(unformedness)을 뜻한다. 아직 구체적 형태가 만들어지지 않은 원형 덩어리였다는 것을 말한다. 도자기 공장에 가보면 하나의 예술품 도자기가 만들어지기 위하여 여러 공정을 거치는 것을 볼 수 있다. 처음엔 형태 없는 흙덩어리에서 시작하게 되는데, 마찬가지로 이 본문에서 혼돈이란 말의 의미는 마치 형태 없는 흙덩어리와 같은 단계를 의미한다고 볼 수 있다.

2) 공허

땅은 그때 또한 공허하였다. 공허(보후)란 텅 빈 상태를 표현한다. 지구상엔 아직 아무것도 채워지지 않았다. 거주자가 전혀 없었다. 나무도 돌도 짐승도 새도 전혀 없었다. 그래서 지구는 비어있는(emptiness) 상태였던 것이다.

3) 흑암

그때 지구는 흑암 속에 있었다. 아직 빛이 없었다. 그래서 아무것도 구별하여 볼 수 없는, 아직 새벽이 열리기 전의 밤처럼 어두웠다. 그런데 이 어둠이 "깊음 위에 있었다."고 한다. 여기서 깊음(테홈)은 "울리다"의 뜻을 가진 어근 홈에서 파생된 언어로서 으르렁거리며 들끓는 깊은 물을 가리킨다. 테홈은 그러므로 파도가 출렁거리는 바닷물의 깊음을 의미한다. 지구는 아직 형태가 없이 비어있고 어둠 속에 있었던 것이다.

  2. 혼돈과 공허와 흑암의 지구에 빛과 형태와 거주자를 만들기 위해 누가 어떻게 활동하였나?

  1) 하나님의 신
  아직 형태가 없고 비어있고 어둠 가운데 있는 미완성의 지구 위에 하나님의 창조의 역사가 시작된다. 그런데 이때 하나님의 신이 운행하면서 창조의 역사를 일으키고 있다. '하나님의 신'에서의 "신"은 히브리어 루아흐로서 바람(wind), 호흡(breath), 영(spirit) 등으로 번역하며 여기서는 하나님의 성령을 가리키고 있음이 분명하다.

  2) 수면에
  앞에서 흑암이 깊음 위에 있다고 하였는데 그 깊음이 깊은 바다의 물을 의미하는 것으로 해석했다. 여기서는 직접 수면이라고 언급하여서 깊은 물로 뒤덮여 있는 지구 표면 그 수면을 하나님의 영 즉 성령이 운행하시면서 창조하시는 모습을 보여준다.

3) 운행하시다

운행한다는 말은 '메라헤페트' 인데 돌아다니며 보호하다, 진동하며 임하다, 움직이며 역사하다는 뜻이다. 이는 하나님의 성령께서 미완성의 지구 주위를 운행하면서 창조의 사역을 하고 있는 모습을 표현한 것이다. 성령께서 임재하시므로 생명과 질서와 빛이 임하게 되는 것을 보여준다.

하나님의 신이 나를 지으셨고 전능자의 기운이 나를 살리시느니라 (욥 33:4).

주의 영을 보내어 저희를 창조하사 지면을 새롭게 하시나이다 (시 104:30).

이 말씀들이 증거하듯이 하나님의 성령께서 창조의 능력으로 임하시는 것이다.

4) 영적 · 도덕적 적용

내가 땅을 본즉 혼돈하고 공허하며 하늘들을 우러른즉 거기 빛이 없으며 (렘 4:23).

예레미야 선지자는 타락한 이스라엘의 모습을 혼돈과 공허와 흑암이라고 표현하였다. 이 같은 영적 혼돈과 공허와 흑암도 결국은 성령의 임재로써만 해결될 수 있다.

> 내가 또 내 신을 너희 속에 두어 너희로 살게 하고 내가 또 너희를 너희 고토에 거하게 하리니 나 여호와가 이 일을 말하고 이룬 줄을 너희가 알리라 나 여호와의 말이니라 하셨다 하라 (겔 37:14).

성령의 임재하심은 창조의 능력이요, 동인이다.

객관적으로 연구한 내용 중에서 기도하며 메시지를 받는다. 이와 같이 연구물이 정리될 수 있었습니다. 문맥은 물론 배경과 언어 관주까지 동원한 연구물입니다. 그렇다고 이것을 들고 나가 강의하거나 발표하는 것이 설교는 아닙니다. 여기까지는 단지 지적인 작업에 불과합니다. 이제는 영적 작업에 들어가야 합니다. 이러한 성경의 계시가 오늘 우리에게 어떻게 적용되어야 하며 주님께서는 무엇을 말하고 싶어 하시는지 여쭙고 묵상해야 합니다. 이때 우리의 오늘이라는 것도 깊이 탐구하며 묵상해야 합니다.

> 이 두 절만 가지고도 한번에 설교하기 벅찬 것을 느낀다. 1절과 2절을 나누어서 설교해야 할 것 같다. 그러면 먼저 1절에서 설교하기로 하고 다음 주에 2절을 가지고 설교하기로 한다.
> 1절에서는 1)하나님은 선포하시니 우리는 믿음으로 응답해야 한다. 2)창조의 주님을 믿게 되면 불가능도 가능하게 하는 믿음이 생긴다. 3)창조 앞에 서면 감탄과 찬양을 할 수밖에 없다는 메시지가 들려온다.
> 2절에서는 공허하고 혼돈한 어두움의 세계를 밝히고 질서를 세우고 채우시는 하나님을 만난다. 그리고 영으로 운행하시면서 살리는 하나님을 만나게 된다. 영적 도덕적 혼돈 속에 있는 개인과 사회에 빛을 주시는 성령님에게로의 초대와 믿음을 촉구하는 메시지가 들린다. 오늘 우리의 영적·도덕적 타락의 탈출구는 성령님이 임하시는 부흥이다.

예전에 내가 설교할 때는 이와 같은 영감이 왔습니다. 이 영감에 따라서 한 주는 1절을 가지고 설교하게 되었고, 다음 주에 2절을 가지고 설교하게 되었습니다.

메시지에 확증 성구와 예화 등을 사용하며 설교로 구성한다. 이렇게 오늘 말씀하시는 메시지를 받게 되면 그 영감의 메시지를 중심으로 확증 성구와 예화 등을 사용하면서 설교로 재구성합니다. 확증 성구란 한 가지 계시를 설명하는데 여러 성경이 함께 증거하고 있다는 확신을 위하여 사용하는 관주 성경을 의미합니다. 그리고 예화는 꼭 필요한 필수 요소라고 할 수 없지만 적절히 사용하면 설교를 전달하고 기억하게 하고 묵상하게 하는 효과를 내는 유용한 도구가 될 수 있습니다. 예화는 간증이 있으면 가장 강력한 감동의 수단이 됩니다. 간증 외에도 비유, 관련된 사건, 설화, 금언 등 다양하게 사용될 수 있습니다. 이렇게 하여 설교문으로 작성한 것을 예시하면 다음과 같습니다. 일일이 이렇게 설교문을 작성할 수 있으면 진지한 탐구를 위하여 좋습니다. 특히 젊어서는 이렇게 일일이 연구문에서 설교문까지 기록하는 습관을 가지면 설교자 자신의 성장에 큰 도움이 됩니다.

> 설교 예문 1

창조주 하나님 (창1:1)

"태초에 하나님이 천지를 창조 하시니라"

선포의 메시지

성경의 첫 문장을 읽을 때 어떤 느낌이 드십니까? 그렇지요, 무슨 대헌장이라도 선포하는 느낌이 아닙니까? 이 성경의 첫마디는 성경 전체의 성격을 나타내 주는 특성이 있습니다. 말하자면 성경은 단순히 해설하려는 서술문이 아니고 또 증명하고 변론하고 설득하려는 변증문도 아니고 선포하는 메시지로 되어 있다는 것입니다. 밑도 끝도 없이 하나님이 천지를 창조하신 것이라고 선포하는 메시지를 듣자니 비지성적, 비합리적이라고 느껴진다고요? 그렇게 느껴질 수 있지요.

현대인들은 대체로 합리적이고 지성적인 사고를 갖고 있어서 하나님에 대하여 생각할 때도 하나님을 합리적으로 증명해 보고 싶어 하고, 기독교인들에게 합리적으로 증명해 보이라고 합니다. 그래서 철학자들은 신을 증명할 온갖 논리를 다 동원해 냈지요. 어떤 이는 우주론적 증명을 이야기 하여 우주의 모든 질서와 사건은 원인이 있어 이루어지는데 제일 원인으로서 신이 존재한다고 설명해 보기도 합니다. 어떤 이는 목적론적 증명을 시도하여 이 우주를 만든 디자이너로서 신이 존재한다고 증명하기도 하고, 어떤 이는 존재론적 증명을 시도하여 모든 인간이 신의 개념을 가지고 있다는 것은 궁극적 실재로서 신이 존재한다는 것을 의미한다며 변론하기도 합니다. 또한 어떤 이는 도덕적 증명을 시도하여 인간은 선을 지향하고자 하는 본성을 갖고 있고, 선을 행하는 것으로서 즐거워하기에 절대 선으로서의 신이 있다고 증명하기도 하지요. 하지만 여기서 이러한 여러 가지 다양한 신 증명의 이론을 답습해서 무슨 유익이 있겠습니까?

세상의 학문들은 하나님의 존재조차도 합리적으로 증명하려 하지만 놀랍게도 성경은 그러한 변증을 전혀 시도하지 아니하며 그런 것을 묻지도 설명하지도 아니합니다. 성경은 하나님이 계시냐 아니면 안 계시냐 차원의 이야기는 이미 초월한 책이지요. 하나님이 계시는 것은 당연히 전제되어 있고, 존재하고 있으신 그분이 무엇을 말씀하시는가를 선포하고 있는 것이랍니다. 달리 말하면 성경은 하나님의 계시의 책이라는 것이지요. 성경은 하나님이 선포하시고 하나님이 풀어내시는 하나님의 말씀이요, 하나님의 가르침이라는 말이지요. 하나님이 "나, 하나님은 존재하는 것이야. 이론적으로 증명해 보일까?" 이런 식으로 말씀하실 필요가 있겠습니까? 그냥 그 존재하시고 살아계신 하나님이 지금 말씀하시는 것입니다. 여러분! 이제 살아 계셔서 말씀하시는 하나님을 만날 준비를 하고 창세기 이야기에 들어오시기 바랍니다.

　물론 성경도 인간에 의해 기록된 것이긴 합니다. 그러나 이는 단순한 인간의 기록이 아니고 하나님이 가르쳐 주신 지식의 기록이라는 것입니다. 하나님의 성령께서 저자에게 감동하게 하사 알게 하시므로 기록하게 된 것이지요. 창세기 저자는 모세로 알려지고 있는데 생각해 보십시오. 천지 창조 이야기는 모세가 태어나기 이전의 사건인데 모세가 어떻게 알겠습니까? 천지창조에 대한 지식을 모세가 어디서 얻었겠습니까? 이는 전적으로 하나님의 계시, 즉 하나님 자신의 알려 주심에 의하여 주어진 것입니다. 하나님이 말씀하신 것이지요.
　성경은 성경을 기록한 저자를 기준으로 하여 볼 때 저자 자신이 경험하고 있는 현재적 사건과 더불어 저자의 경험 이전의 역사와 아직 경험하지 못한 미래사를 함께 포함하고 있답니다. 아직 오지 아니하여서 경험하지 못한 미래사를 성경의 저자들은 어떻게 알겠습니까? 그것은 하나님의 계시로서만 가능합니다. 성경 저자가 경험하지 못한 훨씬 전 과거사를 어떻게 알겠습니까? 그 역시 계시에 의하여 가능합니다. 창1:1은 성경이 하나님의 계시의 책이요, 하나님 자신이 선포하는 메시지임을 보여줍니다. 자, 하나님께서 어떻게 선포하고 계신지 조금 더 들어 보시겠습니까?

> 이는 엿새 동안에 나 여호와가 하늘과 땅과 바다와 그 가운데 모든 것을 만들고 제 칠일에 쉬었음 이라 그러므로 나 여호와가 안식일을 복되게 하여 그 날을 거룩하게 하였느니라 (출 20:11).

성경은 하나님이 존재하느냐 존재하지 않느냐 하는 변론같은 것은 아예 없습니다. 존재하시는 그분, 살아계시는 그분이 그분의 말씀을 선포하고 있습니다. 이는 성경의 성격과 성경을 읽는 자의 자세를 규정지어 주는 특성입니다. 성경은 하나님의 말씀의 선포로 구성되어 있고 이 말씀의 선포 앞에 읽는 자는 신앙으로 응답하여야 하는 것입니다. 이스라엘 사람들은 이 살아계셔서 선포하시고 말씀하시는 하나님을 만나며 알고 믿기에 천지를 창조하신 하나님께 감격의 찬양으로 응답했던 것입니다.

> 주의 손가락으로 만드신 주의 하늘과 주의 베풀어 두신 달과 별들을 내가 보오니 사람이 무엇이관대 주께서 저를 생각하시며 인자가 무엇이관대 주께서 저를 권고하시나이까? 저를 천사보다 조금 못하게 하

시고 영화와 존귀로 관을 씌우셨나이다. 주의 손으로 만드신 것을 다스리게 하시고 만물을 그 발 아래 두셨으니 곧 모든 우양과 들짐승이며 공중의 새와 바다의 어족과 해로에 다니는 것이니이다. 여호와 우리 주여 주의 이름이 온 땅에 어찌 그리 아름다운지요 (시 8:3-9).

진화냐 창조냐?

사랑하는 성도 여러분, 이제 이 창조주 하나님 앞에 서서 그분의 말씀 선포 앞에 믿음으로 그분의 말씀을 들어 보시겠습니까? 이 첫마디 말씀부터 이의 제기를 하고 싶다고요? 그럴 수 있겠지요. 지금까지 학교교육에서 이 세상의 생성과 기원에 대하여 진화론을 배워 왔기 때문이지요. 천지 만물을 하나님이 창조하였다는 선포의 말씀이 비합리적으로 느껴지지요? 여기서 진화냐 창조냐 길게 논하고 싶지는 않습니다. 왜냐하면 그렇게 논하고 있는 것 자체가 성경을 읽는 자세에서 빗나가는 것이기 때문입니다. 성경은 살아계신 하나님이 선포하시는 말씀이고 우리는 믿음으로 응답하여야 하는 것이라니까요. 너무 전제적이라고요? 그렇다면 간단히 말해 보자구요. 진화론이라는 게 무엇입니까?

내가 아는 보편적 상식으로는 아메바라는 미생물에서 점점 진화하고 원숭이 같은 유인원에서 인간으로 진화하였다는데 그것은 가설에 불과하다는 것을 알고 계십니까? 따지고 보면 진화론도 하나의 가설을 믿는 것이랍니다. "태초에 아메바가 있었다. 그 아메바가 진화를 시작했다"는 가설을 믿으면서 그것을 증명해보려고 근사한 자료들을 동원하여 설명하는 것이 진화론이고 "태초에 하나님이 천지를 창조하였다"는 선포를 믿는 것이 창조의 신앙입니다.

아메바를 절대자로 믿기보다는 하나님을 절대자로 믿는 것이 훨씬 합리적이지 않을까요? 여러분은 스마트 하니까 이쯤 이야기를 해도 알아들을 것입니다. 어쨌든 성경 말씀은 선포의 메시지이기에 이후로 우리는 절대자 하나님의 선포 앞에 아멘으로 믿음으로 응답하는 자세로 하나님을 만나고 그분의 말씀에 귀를 기울여 보시기 바랍니다!

믿음과 찬양을

자, 여러분 이 장엄한 하나님을 묵상해 보십시오. 무에서 유를 창조하신 창조주 하나님을 생각해 보십시오. 나와 여러분을 만드신 창조주를 묵상해 보면 무엇을 깨닫게 되고 어떤 감동이 옵니까? 여러분 내가 이 말씀을 묵상할 때 맨 먼저 감동 받은 게 무엇인지 아십니까? 나는 첫째로 무에서 유를 창조하시는 하나님이 나의 하나님임을 생각하며 감격했습니다. 나는 유별나게 없는 게 많은 어린 시절을 보냈지요. 서울에 살다 6.25전쟁을 만나 시글모 피난 가면서 없는 게 많은 어린 시절을 보냈습니다. 초등학교를 졸업하고는 가난한 탓에 중학교를 가지 못했고, 먹을 것이 없어 주리던 나는 영양실조와 질병으로 절망적인 어린 시절을 보냈습니다. 그러다 예수를 믿고 구원 받고 이 창조주 하나님이 나의 하나님이요, 나의 아버지 되심을 알게 되었습니다.

그러니 내가 제일 먼저 감격하게 된 것이 이 전능하신 하나님, 없는 데서 있게 하시는 하나님이었지요. 비록 지금은 가난하지만 없는 데서도 있게 하시는 창조주 하나님과 함께 살면 나도 있는 자가 되리라는 소망을 갖게 되었습니다. 또한 병든 몸으로 절망적이고 소망이 없는 생활이었으나 없는 데서 있게 하시는 하나님을 만남으로 소망이 있게 될 것을 믿게 되었습니다. 그리고 실제로 소망하게 되자 나의 삶은 전혀 새롭게 바뀌게 되었습니다.

이처럼 없는 곳에서 있게 하시는 하나님을 만난 사람을 성경을 통해서 찾아볼 수 있습니다. 아브라함이 바로 그런 사람이지요. 아브라함이 늙고 그의 아내가 경수조차 끝나 (월경이 끝났다는 것은 인간의 생산 능력이 끝났다는 것 아닙니까?) 아들을 얻을 수 없는 상황에서도 아브라함은 무에서 유를 창조하시는 하나님을 믿었습니다. 그 믿음으로 실제 아브라함은 귀한 아들을 얻을 수 있었습니다.

17) 기록된바 내가 너를 많은 민족의 조상으로 세웠다 하심과 같으니 그의 믿은바 *하나님은 죽은 자를 살리시며 없는 것을 있는 것 같이 부르시는 이시니라* 18) 아브라함이 바랄 수 없는 중에 바라고 믿었으니 이는 네 후손이 이 같으리라 하신 말씀대로 많은 민족의 조상이 되게 하려 하심을 인함이라 (롬 4:17-18).

여러분도 알다시피 나는 이 아브라함의 믿음으로 소망 중에 살아 왔습니다. 이 전능하신 창조주 하나님을 만남으로 십대에 빠졌던 절망과 죽음에서 벗어나 오늘까지 소망 중에 기쁨으로 살고 있고 초등학교밖에 졸업하지 못한 형편에서도 대학과 대학원도 나오고, 유학도 다녀오고, 교수까지 하지 않았습니까?

그러나 후일 내가 이 말씀을 묵상하면서 또 한 가지 깨달은 것은 내가 피조물로서 창조주 하나님께 감격하며 찬양하고 영광 돌리는 자리에 서야 한다는 것입니다. 성경에 보면 수많은 하나님의 사람들이 이 창조주 하나님을 묵상하며 감격하며 창조주께 찬양을 바치고 있는 것을 볼 수 있지요.

5) 지혜로 하늘을 지으신 이에게 감사하라 그 인자하심이 영원함이로다. 6) 땅을 물 위에 펴신 이에게 감사하라 그 인자하심이 영원함이로다 (시 136:5-6).

> 그것들이 여호와의 이름을 찬양할 것은 저가 명하시매 지음을 받았음이로다 (시 148:5).

요한계시록에 보면 천상에서도 창조주 하나님을 찬양하고 있는 것을 볼 수 있습니다. 우리가 창조주 하나님 앞에 서면 우리는 감격할 수밖에 없고, 그분께 찬양하지 않을 수 없다는 것을 알 수 있습니다.

> 우리 주 하나님이여 영광과 존귀와 능력을 받으시는 것이 합당하오니 주께서 만물을 지으신지라 만물이 주의 뜻대로 있었고 또 지으심을 받았나이다 (계 4:11).

아! 세상 사람들이 어디 다 그러더냐고요? 사실 많은 사람들은 창조주께 감사와 찬양을 드릴 줄 모르고 살지요. 그래서 성경은 가르쳐 주고 있습니다. 하나님께 영광을 돌리지 못하고 창조주를 모른 체하며 사는 것, 그것이 인간의 근본적 타락이요, 죄라고 말입니다.

> 하나님을 알되 하나님으로 영화롭게도 아니하며 감사치도 아니하고 오히려 그 생각이 허망하여지며 미련한 마음이 어두워졌나니 (롬 1:21).

여러분! 이 창조주 하나님 앞에 경건히 서 보십시오. 나를 만드신 하나님께 찬양을 바치고 싶지 않습니까? 피조물의 창조주에 대한 반응은 찬양하는 것입니다. 그것은 어렵고 무거운 의무라기보다는 감격스러운 특권입니다. 전도자의 권고를 들어 보십시오

> 너는 청년의 때 곧 곤고한 날이 이르기 전, 나는 아무 낙이 없다고 할 해가 가깝기 전에 *너의 창조자를 기억하라*(전 12:1).

> 일의 결국을 다 들었으니 *하나님을 경외하고 그 명령을 지킬지어다.* 이것이 사람의 본분이니라(전 12:13).

창조주 하나님께 찬양 드리기 위하여 우리 모두 일어납시다. 할렐루야

설교 예문 2

살리는 주 성령님 (창1:2)

"땅이 혼돈하고 공허하며 흑암이 깊음 위에 있고
하나님의 신은 수면에 운행하시니라"

땅 이야기

　여러분, 여기 이야기의 전개를 주목하여 보십시오. 이야기는 참으로 빠르게 진행되고 있는 것 같지 않습니까? 창세기 1장 1절에서 우리는 하나님이 천지를 창조하셨다는 선포를 들었지요? 그런데 곧 바로 성경 이야기는 초점을 땅 이야기로 좁히고 있습니다. 성경은 이 세상에 존재하는 모든 것들에 대한 이야기를 백과사전처럼 전개하는 책이 아닙니다. 성경 이야기의 관심은 천체들의 어떠함이 아니라 땅, 즉 땅 위에 존재하는 어떤 존재들에게 기울어져 있습니다.

　여기 성경은 천체들에 관한 논의를 거두절미하고 곧 바로 땅 이야기로 내려 왔습니다. 구원사적인 강조에서 하늘에 관한 이야기는 여기서 불필요했을 것이기에 성경의 초점은 바로 지구로 내려왔다고 보아야겠지요. 이제부터 성경 이야기는 지구 중심으로 진행되는 것입니다.

혼돈, 공허, 흑암

땅은 여기서 지구를 의미하고 있는데 처음 만드신 지구는 하나의 원형 덩어리로 아직 더 구체적인 조형이 필요한 채로 남겨진 상태에서 시작하고 있습니다. 처음 만드신 땅은 혼돈하고 공허하며 흑암이 깊음 위에 있었다는 것입니다. 말하자면 형태나 질서가 없고, 거주자 없이 비어 있으며, 빛이 없는 어두움의 상태였다는 것이지요. 창세기 1장 1절과 2절 사이에 상당한 시간의 갭이 있었을 것이라고 가정해 보는 사람들도 있지요.

하나님이 천지를 잘 창조하셨는데 어떤 타락이나 대 반역으로 혼돈과 공허와 흑암의 세계가 되어 버리고, 창세기 1장 2절은 타락해서 혼돈된 땅 위에 재창조를 이루는 과정을 설명하고 있다고 생각하는 경우도 있습니다. 그러나 그렇게 어렵게 생각할 일이 무엇입니까? 있지도 않은 일을 상상하는 것은 어리석은 일이 아니겠습니까? 여기 혼돈과 공허와 흑암의 현실은 아직 하나님의 창조가 완성되지 않은 상태를 묘사하는 것으로 보면 됩니다.

하나님의 신의 운행

이 혼돈과 공허와 흑암의 지구에 빛과 형태와 거주자를 만들기 위해 누가 어떻게 활동하였다고 말하고 있습니까? 이는 무슨 진리를 보여준다고 생각됩니까? 하나님의 신이 이 어두운 수면에 운행하셨다고 하지 아니합니까? 아직 형태 없고 비어 있고 어둠 가운데 있는 미완성의 지구 위에 하나님의 창조의 역사는 계속되고 있지 않습니까? 하나님의 신이 운행하면서 생명과 창조의 역사를 일으키고 있는 것입니다. 하나님의 신이란 여기서는 하나님의 성령을 가리키고 있음이 분명하다고 봐야지요.

그러니 하나님의 성령이 임하시므로 창조의 역사, 생명의 역사가 진행되는 것입니다. 하나님의 성령이 지금 수면에 운행하고 계십니다. 수면이 무엇입니까? 앞에서 흑암이 깊음 위에 있다고 하였는데 그 깊음이 깊은 바다의 물을 의미하는 것으로 해석했지요? 여기서는 직접 수면이라고 언급하여서 깊은 물로 뒤덮여 있는 지구 표면, 그 수면을 하나님의 영 즉 성령이 운행하시면서 창조의 동인이 되고 있음을 보여주고 있습니다.

이는 하나님의 성령께서 미완성의 지구 주위를 운행하면서 창조의 사역을 하고 있는 것을 시각적으로 묘사해 주는 표현이지요. 성령께서 임재 하시므로 생명과 질서와 빛이 임하게 되는 것을 보여줍니다. 욥과 시편 기자는 이렇게 고백했지요.

> 하나님의 신이 나를 지으셨고 전능자의 기운이 나를 살리시느니라 (욥 33:4).

주의 영을 보내어 저희를 창조하사 지면을 새롭게 하시나이다 (시 104:30).

이 말씀들이 증거 하듯이 하나님의 성령께서 창조의 능력으로 임하시는 것입니다. 성령이 임하시므로 빛이 오고 성령이 임하시므로 생명이 태어나고, 성령이 임하시므로 질서가 세워지는 것을 보여 주게 되는 것입니다.

자, 그럼 한번 정리해 볼까요? 하나님이 천지를 창조하셨습니다. 그런데 성경은 천체들을 만들어 가시는 이야기는 생략해 버리셨습니다. 땅을 만드시던 이야기를 조금 더 자세히 설명하고 있는 중인데 흙덩어리를 빚어 멋진 도자기를 이루듯이 원형 덩어리에 빛을 주고 생명을 주고 질서를 부여 하시려고 성령께서 활동하셨다는 이야기를 들은 것입니다. 이 빛과 생명과 질서를 주시려고 지구 주위를 운행하시는 성령님을 묵상해 보십시오. 그림처럼 묘사된 이 말씀을 깊이 묵상하며 그 생명의 주 성령님과 여러분은 어떤 관계로 살고 있는지 생각해 보시기 바랍니다.

영적 도덕적 혼돈

형태 없는 혼돈과 무질서, 공허와 흑암의 세계를 운행하시면서 아름답고 조화로운 대자연의 세계를 만들어 가시는 성령님에 대한 계시를 묵상해 보십시오. 오늘을 살고 있는 우리들에게는 어떤 빛을 비추고 있는지 영감이 오십니까? 어쩌면 우리가 사는 세상의 물리적 혼돈과 공허, 물리적 흑암은 그다지 심각하지 않을지도 모릅니다. 오늘날 도리어 커다란 과제는 영적·도덕적 혼돈과 공허와 흑암이 아닐런지요? 예레미야 선지자는 당시의 영적 상황을 바로 이 혼돈과 공허와 흑암으로 표현하며 탄식한 적이 있습니다.

> 22) 내 백성은 나를 알지 못하는 우준한 자요 지각이 없는 미련한 자식이라 악을 행하기에는 지각이 있으나 선을 행하기에는 무지하도다.
> 23) 내가 땅을 본즉 혼돈하고 공허하며 하늘들을 우러른즉 거기 빛이 없으며 (렘 4:22-23).

이스라엘이 영적으로 타락하여 하나님 중심으로 살지 못하고 있는 것을 보고 또 도덕적으로 타락하여 악이 횡행하는 것을 보고 땅이 혼돈하고 공허하며 하늘에 빛이 없다고 탄식하였으니 만일 오늘날 우리 한국 사회와 교회의 모습을 보면 무어라 탄식할 것인지를 생각해 볼 수 있겠습니까? 그런 어려운 생각은 해 본 적이 없다고요? 그러면 여러분의 마음속에 하나님의 빛이 있습니까? 하나님의 생명이 있습니까? 의와 사랑이 지배하고 있습니까? 신문이나 TV를 보면 온통 흑암 덩어리를 보는 것 같지 아니합니까? 도덕적 어두움이 심각하다는 생각이 안 들던가요? 옛날 어떤 철학자는 대낮에도 등을 켜서 들고 다녔다는 이야기가 있지요. 세상이 도덕적으로 타락하여 너무 어두운 세상임을 풍자적으로 가르치고 깨우치기 위하여 취한 행동이었답니다. 오늘 우리 사회와 교회와 우리들의 마음에 하나님의 빛이 임해야 한다는 간절함을 느끼십니까?

에스겔 선지자는 이 어두움을 해결하고 생명과 빛을 주실 분이 성령님이라는 것을 알게 되었습니다. 골짜기에 나뒹구는 마른 뼈를 환상으로 보면서 에스겔은 영적으로 타락한 백성들의 모습을 보았습니다. 그러나 에스겔은 하나님의 성령이 임하셔서 뼈가 이어지고 살이 붙는 장면을 보았고, 살아 움직이는 주의 군대를 이루는 장면을 보았습니다.

> 내가 또 내 신을 너희 속에 두어 너희로 살게 하고 내가 또 너희를 너희 고토에 거하게 하리니 나 여호와가 이 일을 말하고 이룬 줄을 너희가 알리라 나 여호와의 말이니라 하셨다 하라 (겔 37:14).

4. 생동감 넘치는 설교

성령의 임재하심은 창조의 능력이요, 동인입니다. 여러분! 켄터키 후라이드 치킨을 좋아하십니까? 그 치킨 체인점에는 할아버지 형상을 가게 앞에 세워둡니다. 그 할아버지가 할랜드 샌더라는 할아버지인데 샌더는 군 대령 출신으로 70세가 돼서야 이 켄터키 후라이드 치킨 사업을 성공시킨 사람입니다. 그는 그리스도인이었는데 주일 성수하고 십일조도 꼬박꼬박 내고 규칙적인 교회생활을 했으나 마음에 기쁨이 없고 감격이 없는 것에 늘 고민하고 있었습니다.

그러던 어느 날 켄터키 루이빌에서 목회하는 위이몬 로저스 목사님을 만나 상담하는 동안 그동안 자신이 성령님과 함께 생활하지 못했다는 것을 깨닫고 회개하였습니다. 할랜드 샌더는 기도하다가 성령을 받았고, 그후로 기쁨과 평화와 감격을 가지고 사는 그리스도인이 되었습니다.

여러분! 영국과 불란서가 격동의 혁명기를 넘길 때 어떤 차이가 있었는지 들은 적이 있습니까? 영국 사회가 영적·도덕적으로 타락하여 혼란스러울 때 이웃 나라 프랑스에서는 유혈 혁명이 진행되었습니다. 영국은 절체절명의 위기에 봉착했습니다. 그런데 그 시절 영국에서는 웨슬리라는 인물이 성령 충만함을 경험하고 부흥운동을 일으킴으로써 영국교회가 새로워지고, 전체 영국 사회가 새로워지는 놀라운 변화가 이루어졌습니다.

영국이 대 격동기에 프랑스와 달리 피의 혁명을 겪지 않은 것은 웨슬리의 성령운동의 결과라고 후대의 역사가들은 평가하고 있습니다. 성령이 임하면 역사적으로나 사회적으로 혼란과 무질서와 어두움의 사회에 빛과 생명과 기쁨과 평화가 임하는 것입니다.

오! 살리는 주 성령님이여! 내 마음에 나의 가정에 우리 교회에 이 땅 에 임하시고 운행하옵소서!

설교의 기름 부으심을 위하여 기도한다. 위와 같이 설교 문을 작성했다고 해서 이 설교 문을 읽거나 강의하는 식으로 설교해서는 안 됩니다. 이 같은 설교문은 사실 성실하게 연구 결과를 토대로 작성한 성실한 설교 문이지만 너무 자세하며 어렵게 느껴집니다. 설교를 실제로 할 때는 히브리어나 헬라어를 정말 필요한 경우가 아니면 사용해서는 안 됩니다. 꼭 필요한 것만 사용하며 전체를 이해하는데 필요한 분량만 강해하면서 메시지 위주로 선포하면 됩니다. 이를 위하여 일주일 내내 설교시간까지 기도하며 성령 안에서 계속 묵상하고 설교할 때는 성령의 언어로 설교하게 되기를 사모하며 기도하여야 합니다. 성령 안에서 연구하고 성령 안에서 묵상하며 메시를 받았고, 그것을 설교문으로 작성하여 잘 준비가 되었다고 해도 설교하는 그 시간에 설교자가 성령 충만하여 성령의 언어로 설교하지 않으면 전에 받은 메시지가 하나의 개념으로 전달될 뿐 하나님의 음성으로 전달되지 못하는 결과가 됩니다. 그러므로 설교하는 그 시간 역시 성령님의 은혜 안에 있어야 합니다. 실제 설교할 때는 이 설교 문에 얽매이지 아니하고 성령 안에서 자유로이 가감할 수 있습니다.

성령님 의지하고 확신으로 설교한다. 설교시간이 되면 받은 메시지에 확신을 가지고 성령님을 의지하고 회중에게 사랑을 쏟으면서 열정을 다하여 설교합니다. 그리하면 여러분의 설교를 통하여 하나님께서 말씀 하시게 되는 것입니다. 그리고 그 말씀을 통하여서 성령님이 회중을 만나 주시며 새롭게 하시는 것입니다.

에필로그

찬양은 그 자체가 예배의 본질이요 영원한 예배의 모형입니다. 그러므로 찬양을 예배의 중요한 자리로 회복시키는 것이 예배갱신에 중요한 몫이 될 것입니다. 우리는 찬양 그 자체가 곧 예배라는 인식을 가져야 합니다. 찬양은 단순히 예배를 준비하는 과정이 아니라 예배 자체요, 예배의 본질입니다.

또한 기도란 단순히 우리의 필요를 말씀드리는 수단이 아니라 하나님을 예배하는 길입니다. 예배로서의 기도를 해야 합니다. 예배시간의 기도는 감사와 찬양의 기도가 중심이 되어야 합니다. 무엇을 달라고 하나님께 요구하는 기도 보다 하나님께 감사와 경배로 드리는 기도가 있는 예배야말로 살아있는 예배입니다.

헌금은 우리가 받은 모든 축복이 하나님께로부터 왔음을 인식하고 그 복을 따라서 감사한 마음으로 힘껏 드리는 감사의 예물입니다. 그러므로 헌금은 예배의 필수적 요소입니다. 헌금은 하나님이 기뻐 받으시는 예물이며 예배자의 마음이 담긴 정성스런 표현입니다. 우리가 하나님을 사랑하면 재물을 그분께 바치는 즐거움이 있습니다. 우리 마음이 그분에게 있기 때문입니다. 그러므로 헌금은 하나님을 기뻐하는 마음, 하나님을 사랑하는 마음, 하나님을 섬기는 마음으로 드리는 예물이 되어야 하는 것이고 그럴 때 진정한 예배가 됩니다.

설교는 듣는 예배입니다. 설교는 하나님의 음성을 경청함으로써 그분을 높이는 예배 행위입니다. 설교는 목사의 사상발표가 아니고 하나님의 말씀을 듣는 예배입니다. 설교자는 하나님의 말씀을 듣는 예배자의 자세로 메시지를 받고 그것을 해야 합니다. 동시에 회중은 설교를 감상하는 것이 아니고 주님의 음성에 귀 기울이는 예배를 드려야 합니다. 설교의 권위는 단순히 성경을 강해하거나 주석한다고 하여서 살아나는 것은 아닙니다. 그 객관적 말씀을 성령의 감동하심으로 주관적으로 곱씹어 설교자의 가슴에서 충분히 숙성된 메시지를 전할 때에 권위가 주어지는 것입니다. 설교는 객관성의 토대 위에서 주관적으로 체험한 메시지일 때 가장 강력한 권위와 능력을 지니게 되는 것입니다.

설교는 생명 자체를 전달하는 과정이 되어야 합니다. 살리는 것은 육이 아니요, 단순한 지식이 아니라 바로 영입니다. 말씀이 곧 살리는 영입니다. 영성이 빠진 설교는 울리는 꽹과리요 무의미한 소리요 떠드는 소리에 불과합니다. 영성 있는 설교는 영을 살리고 상처를 치유합니다. 또한 회개와 변화를 일으키고 질병을 치유하고 인생을 바로 세웁니다. 영성 있는 설교를 하도록 기도하십시오.

우리는 찬양과 설교와 기도와 헌금의 예배가 모두 성령 안에서 드려지는 신령한 예배, 영성이 살아 있는 예배가 되도록 해야 합니다. 이것이 바로 생명예배의 본질입니다. 생명예배는 예배의 영성을 회복하는 일입니다. 예배가 하나의 의식으로 진행되는 것이 아니라 하나님과 회중이 만나며 감격하는 영성이 살아 있는 예배가 되는 것입니다. 그러므로 생명예배의 키워드는 예배의 영성입니다.

우리가 예배의 영성을 회복할 때 성도들은 주일을 기다릴 정도로 예배가 즐겁고, 목사 역시 터져 나오는 메시지를 주체할 수 없어 주일을 기다리는, 그야말로 살아있는 예배, 즉 생명예배를 이루어낼 것입니다.

가을채색

땅 끝으로 내달리는
진홍빛 불꽃은
누구의 눈동자인가
가난한 이를 보듬어 안는
주황빛 온정은
누구의 가슴인가
위에 계신이를 향하여
끊임없이 절규하는
초록빛 염원은
누구의 열망인가

이 가을에 모두 엮어
빨주노초파남보
대지를 채색한다
후회없는 겨울과
하얀빛 순명을 위해

부록

제자 삼는 제자 만들기

01

제자삼는 제자를 만들라

20세기에 발견한 사역원리 중 중요한 것 하나가 제자훈련사역이라는 것입니다. 이는 평신도를 훈련해서 그들로 하여금 또 다른 제자를 양육하고 훈련하는 일을 하도록 해서 제자를 재생산하는 구조를 살리고자 하는 것입니다. 이는 탁월한 발견이요, 원래의 교회의 사역 구조를 되찾는 일입니다. 제자훈련운동이 발견한 것은 재생산의 원리입니다. 다른 말로는 배가방식 즉 증식의 원리(Multiplication)라고도 합니다.

01 제자삼는 제자를 만들라

목회자의 목회 사역은 어떤 사역이어야 하는가? 교회가 이루어야할 사역은 무엇인가? 여러 가지를 생각할 수 있겠지만 가장 먼저 해야 할 일은 우리 주님이 승천하시기 전에 우리에게 위임하신 내용을 실천하는 것입니다. 그것이 사역의 주 내용이 되어야 합니다. 그렇다면 예수님이 위임하신 것은 무엇입니까? 하나는 목양 위임이요, 다른 하나는 우리가 지상명령이라 부르는 세계인을 제자화하는 것입니다.

목양위임

15) 저희가 조반 먹은 후에 예수께서 시몬 베드로에게 이르시되 요한의 아들 시몬아 네가 이 사람들보다 나를 더 사랑하느냐 하시니 가로되 주여 그러하외다 내가 주를 사랑하는 줄 주께서 아시나이다. 가라사대 내 어린 양을 먹이라 하시고 16) 또 두 번째 가라사대 요한의 아들

> 시몬아 네가 나를 사랑하느냐 하시니 가로되 주여 그러하외다 내가 주를 사랑하는 줄 주께서 아시나이다. 가라사대 내 양을 치라 하시고 17) 세 번째 가라사대 요한의 아들 시몬아 네가 나를 사랑하느냐 하시니 주께서 세 번째 네가 나를 사랑하느냐 하시므로 베드로가 근심하여 가로되 주여 모든 것을 아시오매 내가 주를 사랑하는 줄을 주께서 아시나이다. 예수께서 가라사대 내 양을 먹이라 (요 21:15-17).

부활하신 예수님이 제자들에게, 제자들 공동체인 교회에게 위임한 것은 목양사역입니다. 이 목양사역은 물론 베드로에게 하신 말씀 속에 계시되어 있지만 결국은 베드로뿐 아니라 다음 세대의 모든 제자들에게 그리고 제자 공동체인 교회에 주어진 위임이라고 믿습니다. 목양위임은 목사들에게만 주어진 것으로 생각하던 경향이 있었습니다. 평신도는 감히 목양이라는 것과는 관련될 수 없는 것으로 생각하였던 것이지요. 그러나 이 목양위임이 베드로 또는 그후 목사들에게만 국한된 것이 아니고 주님을 사랑하는 모든 제자들에게 주어진 사명임을 깨달아야 합니다. 종교개혁 이후 만인제사직의 진리가 보편적으로 이해되면서 근래 와서는 모든 평신도를 포함한 예수님의 제자들이 목양위임을 받고 있는 것으로 이해되고 있습니다.

> 예수께서 나오사 큰 무리를 보시고 그 목자 없는 양 같음을 인하여 불쌍히 여기사 이에 여러 가지로 가르치시더라 (막 6:34).

예수님의 주 사역은 가르치는 사역이었습니다. 그렇다고 하여 예수님이 무엇을 연구하여 발표한 것은 아닙니다. 예수님의 가르침은 무슨 지식을 전해 준 것이 아니라 목자 없는 양같이 방황하는 인간들에게 인생의 길을 제시하신 것입니다. 길을, 진리를, 생명을 가르치신 것입니다. 목양자적 가르침입니다. 또한 예수님의 중요한 사역은 치유사역이었습니다. 인생들이 많이 병들어 있었기 때문입니다. 병든 자를 고치는 치유사역은 중요한 목양사역입니다.

> 예수께서 나오사 큰 무리를 보시고 불쌍히 여기사 그 중에 있는 병인을 고쳐 주시니라 (마 14:14).

예수님은 오병이어 같은 이적을 행하시기도 하였습니다. 그러나 이것도 기적을 위한 기적이 아니라 무리를 불쌍히 여기는 마음에서 행한 사역입니다. 먹이는 사역이지요.

> 예수께서 제자들을 불러 가라사대 내가 무리를 불쌍히 여기노라 저희가 나와 함께 있은 지 이미 사흘이매 먹을 것이 없도다. 길에서 기진할

까 하여 굶겨 보내지 못하겠노라 (마 15:32).

우리가 사역이라 할 때에 이러한 인생을 불쌍히 여기고 목양 대상으로 보고 행하는 모든 사역이 목양사역이 될 것입니다.

세계 제자화의 위임

18) 예수께서 나아와 일러 가라사대 하늘과 땅의 모든 권세를 내게 주셨으니 19) 그러므로 너희는 가서 모든 족속으로 제자를 삼아 아버지와 아들과 성령의 이름으로 세례를 주고 20) 내가 너희에게 분부한 모든 것을 가르쳐 지키게 하라 볼지어다. 내가 세상 끝날까지 너희와 항상 함께 있으리라 하시니라 (마 28:18-20).

부활하신 예수님이 승천하시기 전 제자들에게 위임하신 일은 우리가 지상명령이라 부르는 세계 제자화의 명령입니다. 그러므로 지상명령을 이 땅에 이루는 것이 교회 사역의 중요한 내용이 될 것입니다.

목양 위임과 세계 제자화의 위임은 주님이 위임하신 내용의 양면이라고 보아야 할 것입니다. 인생들을 구원하고 양육하고 돌보는 것이 목양 사역이라면 그렇게 양육된 사람들을 그리스도의 군사로 만들어 내는 것이 세계 제자화의 사역이라고 할 수 있습니다.

제자화 사역

이제 예수님의 지상명령을 수행하고 성취할 제자화 사역에 대하여 생각해 보기로 합시다. 우리는 보통 목회사역하면 설교하고 심방하고 상담하고 기도회를 인도하고 행정하는 사역이라고 생각합니다. 그리고 평신도는 헌금만 하면 된다고 생각하는 경향이 있습니다. 그러나 앞으로 이러한 교회구조나 사역구조를 그대로 가지고 가면 안 됩니다. 주님의 대명령 앞에 모든 그리스도인이 목양하고 모든 그리스도인이 제자화의 길에 서도록 이끌어 주는 교회 구조와 목회 구조를 가져야 합니다. 우리가 사역 갱신이라 할 때는 이 목회 구조, 시스템의 문제를 적극적으로 고려해야 합니다. 사역의 영성에 대하여는 여러 주제에서 다루어 왔습니다. 여기서는 사역의 구조, 시스템 문제를 다시 생각해 보기로 합시다.

예수님의 중요한 사역 중의
하나가 치유사역입니다.
인생들이 많이
병들어 있었기 때문입니다.
병든 자를 고치는 치유사역은
중요한 목양사역입니다.

Living Worship

만인 제사장직

사역의 구조와 시스템을 재고함에 있어서 중요한 한 가지는 평신도의 사역자화입니다. 오늘의 교회 구조와 목회 구조는 성직자와 평신도라는 이분법에 의하여 나누어져 있습니다. 목사는 주님의 명령을 받아 수행하고 평신도들은 이러한 일을 하고 있는 목사의 생활비나 책임지는 것으로 생각할 정도의 구조가 되었습니다.

이러한 구조는 직접적으로는 당시 세계 대국인 로마에서 기독교를 국교로 정하는 일로부터 비롯되었습니다. 그 이전까지는 모든 그리스도인들이 성령 받고 전도하고 교회를 개척하는 사역들을 의례히 행했습니다. 그것도 목숨 걸고 행하였습니다. 그런데 기독교가 로마의 국교로 선포되자 갑자기 전도의 필요성이 사라졌습니다. 모두가 기독교인이 되어버린 것이지요. 진정한 신앙이 있든 없든 그것은 잘 보이지 않기에, 모두 명목상으로는 교인이 되었습니다. 거의 모든 사람이 교회에 출석하게 되고 사역이라는 것이 없어지고 관리만 남게 되었습니다. 성직자로 하여금 모이는 사람들 데리고 미사 즉 예배나 집례하고 각종 예전을 행하는 일만 하면 되었습니다. 그리고 성직자 외의 평신도는 아무 할 일이 없게 되었습니다. 이러한 구조가 당연시 되었습니다. 그리고 보면 국교화가 된 것이 복인지 화인지 모르겠습니다. 당시는 복으로 여겼겠지만 결국 교회의 기능이 마비되고 교회가 무력화되는 화로 변한 것 같습니다. 이때부터 평신도는 예배의 관객처럼 되었고, 소비자로서 수동적으로 미사에만 참석하게 된 것입니다.

따라서 사역갱신은 지금의 이 구조, 즉 성직자가 교회 일을 관리하고 평신도는 구경하고 관전하며 입장료나 지불하는 관객이나 소비자가 된 현실을 개혁하는 것입니다. 사역자의 길로 이끌어 내는 교회구조와 사역구조를 가져야 합니다. 이미 종교개혁과 더불어 발견되기 시작한 만인 제사직에 대한 이해가 선결 과제입니다.

> 오직 너희는 택하신 족속이요 왕 같은 제사장들이요 거룩한 나라요 그의 소유된 백성이니 이는 너희를 어두운 데서 불러내어 그의 기이한 빛에 들어가게 하신 자의 아름다운 덕을 선전하게 하려 하심이라 (벧전 2:9).

여기 베드로전서에 기록된 제사장의 직분에서 두 가지 사실을 확인해야 합니다.

첫째는 모든 그리스도인이 제사장이요, 하나님께 접근할 수 있는 신분이라는 것입니다. 구약에서는 제사장만이 짐승의 피를 가지고 성소 또는 지성소에 들어갈 수 있었지만 예수의 피로 구속받은 우리는 누구나 제사장이 되어 하나님께 나아갈 수 있는 신분이 되었습니다. 따라서 평신도는 하나님께 접근이 불가하고 목사만이 접근할 수 있다는 식의 관점은 있을 수 없습니다. 물론 하나님께서 목사를 지도자로 세운 이상 목사에게 지도자의 권위와 은사를 주신 것은 사실이지만 모든 그리스도인 역시 동일하게 하나님 앞에 나아가는 권리를 갖고 있음을 인정하지 않을 수 없습니다.

둘째는 사명과 사역에서도 동일한 제사장의 사명을 모든 그리스도인이 공유한다는 사실입니다. 모든 그리스도인이 복음전도와 세계제자화의 사명을 공히 받고 있다는 것입니다. 특권과 사명을 사역자와 공히 평신도들도 받고 있습니다. 평신도들도 이 복음전파와 선교, 목양과 제자화의 사명을 받고 수행하는 주체가 되어야 하는 것입니다. 그러므로 우리의 사역갱신이란 모든 평신도가 사역자가 되어 목양 사역과 제자화 사역을 할 수 있는 교회 구조 · 목회 구조로 가는 것입니다.

평신도의 중요성

평신도도 제사장이요, 평신도도 하나님께 나아가는 동일한 특권과 동일한 사명을 갖고 있다는 것을 초대교회를 살펴봄으로써 이해할 수 있습니다.

4) 그 흩어진 사람들이 두루 다니며 복음의 말씀을 전할새 5 빌립이 사마리아 성에 내려가 그리스도를 백성에게 전파하니 6) 무리가 빌립의 말도 듣고 행하는 표적도 보고 일심으로 그의 말하는 것을 좇더라. 7) 많은 사람에게 붙었던 더러운 귀신들이 크게 소리를 지르며 나가고 또 많은 중풍병자와 앉은뱅이가 나으니 8) 그 성에 큰 기쁨이 있더라 9) 그 성에 시몬이라 하는 사람이 전부터 있어 마술을 행하여 사마리아 백성을 놀라게 하며 자칭 큰 자라 하니 10) 낮은 사람부터 높은 사람까지 다 청종하여 가로되 이 사람은 크다 일컫는 하나님의 능력이라 하더라. 11) 오랫동안 그 마술에 놀랐으므로 저희가 청종하더니 12) 빌립이 하나님 나라와 및 예수 그리스도의 이름에 관하여 전도함을 저희가 믿고 남녀가 나 세례를 믿으니 13) 시몬도 믿고 세례를 받은 후에 전심으로 빌립을 따라 다니며 그 나타나는 표적과 큰 능력을 보고 놀라니라. 14) 예루살렘에 있는 사도들이 사마리아도 하나님의 말씀을 받았다 함을 듣고 베드로와 요한을 보내매 15) 그들이 내려가서 저희를 위하여 성령받기를 기도하니 16) 이는 아직 한 사람에게도 성령

내리신 일이 없고 오직 주 예수의 이름으로 세례만 받을 뿐이러라 17) 이에 두 사도가 저희에게 안수하매 성령을 받는지라 (행 8:4-17).

19) 때에 스데반의 일로 일어난 환난을 인하여 흩어진 자들이 베니게와 구브로와 안디옥까지 이르러 도를 유대인에게만 전하는데 20) 그 중에 구브로와 구레네 몇 사람이 안디옥에 이르러 헬라인에게도 말하여 주 예수를 전파하니 21) 주의 손이 그들과 함께 하시매 수다한 사람이 믿고 주께 돌아오더라. 22) 예루살렘 교회가 이 사람들의 소문을 듣고 바나바를 안디옥까지 보내니 23) 저가 이르러 하나님의 은혜를 보고 기뻐하여 모든 사람에게 굳은 마음으로 주께 붙어 있으라 권하니 24) 바나바는 착한 사람이요 성령과 믿음이 충만한 자라 이에 큰 무리가 주께 더하더라 (행 11:19-24).

예루살렘 교회 신자는 다 복음전도자였음이 드러납니다. 흩어진 사람들이 복음을 전했습니다. 흩어진 자들이 누굽니까? 사도들입니까? 아닙니다. 사도들은 예루살렘 교회를 지키겠다고 예루살렘에 남았습니다. 평신도들이 흩어졌습니다. 흩어진 그 평신도들이 도망하여 숨고 만 것이 아니라 가는 곳마다 두루 복음을 전하였습니다. 주님은 '너희는 성령을 받고 예루살렘과 온 유대와 사마리아와 땅끝까지 복음을 전하는 증인이 되라' 고 하셨습니다. 이처럼 예수님께서 큰 비전을 주셨지만 사도들은

여기 베드로전서에 기록된
제사장의 직분에서 두 가지 사실을
확인해야 합니다.

첫째는 모든 그리스도인이 제사장이요,
하나님께 접근할 수 있는
신분이라는 것입니다.

둘째는 사명과 사역에서도
동일한 제사장의 사명을
모든 그리스도인이 공유한다는 사실입니다.

Living Worship

예루살렘에 머물고 유대인을 상대로 사역했습니다. 그러나 흩어진 평신도들은 유대를 넘어 사마리아에 이르렀고, 빌립 집사의 주도로 사마리아 교회가 세워집니다. 이 때 사도들은 무엇을 합니까? 사도들은 베드로와 요한을 파송하여 지도합니다. 교회개척은 평신도가 하고 사도들은 교회를 지도 육성·강화하는 일을 합니다.

안디옥 교회는 누가 개척합니까? 역시 흩어진 평신도들에 의하여 개척되고 사도들은 바나바를 파송하여 지도하고 육성합니다. 물론 즉시 행한 일은 다 성령 받도록 지도한 일입니다만 하여튼 평신도는 전도하고 개척하고 사도들은 지도하고 육성하는 일을 했습니다.

이 초대교회의 모형이 한 모델이 될 수 있을 것입니다. 목사는 모든 평신도를 복음 전하고 목양하는 일꾼으로 세우고, 저들을 교육하고 훈련하는 사역을 하여야 합니다. 목사가 사역하고 평신도는 헌금만 하는 구조가 아니라 모든 그리스도인들이 사역하고, 목사는 그 사역이 잘 이루어지도록 교육하고 훈련하는 일을 해서 총동원 사역구조를 만드는 것이 본래 교회의 사역구조를 회복하는 일이 될 것입니다. 에베소서에는 지도자의 역할이 이렇게 기록되어 있습니다.

11) 그가 혹은 사도로, 혹은 선지자로, 혹은 복음 전하는 자로, 혹은 목사와 교사로 주셨으니 12) 이는 성도를 온전케 하며 봉사의 일을 하게 하며 그리스도의 몸을 세우려 하심이라 (엡 4:11-12).

그러니까 오늘날 목사의 역할로 볼 수 있는 리더십 은사와 직분을 세우는 목적은 성도를 온전하게 하여 그들로 하여금 사역자가 되게 하는 것입니다. 그렇다면 사역은 모든 그리스도인들이 행하는 것이고 목사는 성도들이 사역을 할 수 있도록 지도하고 훈련해야 하는 것입니다.

20세기에 발견한 사역원리 중 중요한 것 하나가 제자훈련사역이라는 것입니다. 이는 평신도를 훈련해서 그들로 하여금 또 다른 제자를 양육하고 훈련하는 일을 하도록 해서 제자를 재생산하는 구조를 살리고자 하는 것입니다. 이는 탁월한 발견이요, 원래의 교회의 사역 구조를 되찾는 일입니다. 제자훈련운동이 발견한 것은 재생산의 원리입니다. 다른 말로는 배가방식 즉 증식의 원리(Multiplication)라고도 합니다.

재생산(배가)의 원리

여기 디모데후서의 말씀에서 우리는 그 원리의 힌트를 발견합니다.

> 또 네가 많은 증인 앞에서 내게 들은 바를 충성된 사람들에게 부탁하라 저희가 또 다른 사람들을 가르칠 수 있으리라 (딤후 2:2).

바울사도가 지금 디모데를 가르치고 있습니다. 바울이 디모데에게 자기가 가르친 것을 충성된 사람에게 부탁하라고 합니다. 디모데만 배우고 끝나는 것이 아니라 다시 충성된 사람을 택하여 가르치고 부탁하라는 것입니다. 그렇게 되면 그 충성된 사람들이 다시 다른 사람을 가르치게 될 것이라고 합니다. 보세요! 바울이 디모데를 가르칩니다. 그리되면 바울과 디모데 두 사람이 되지요. 디모데가 다시 충성된 사람을 가르칩니다. 그러면 세 사람이 되는 것이 아니라 바울 사도가 디모데를 가르치고 죽었거나 사역을 그만 둔 것이 아니므로 바울도 또 충성된 사람을 가르치게 되었을 것입니다.

그래서 셋이 아니라 넷이 되는 것입니다. 그 다음 대에서는 충성된 사람이 다른 사람을 가르칩니다. 그러면 다섯이 되겠지만 그동안 디모데는 죽지 않고 그도 사역을 그만 두지 않는 한 디모데도 가르칩니다. 그러니 여섯이지요. 그동안 바울이 가르친 다른 충성된 자도 또 가르치니 일곱이 되네요. 그리고 바울도 놀고 있지 않고 또 다른 사람을 가르치므로 여덟이 되는 것입니다.

바울이 혼자 있다가(1명) 디모데를 가르치니 둘(2명)이 되고, 그 다음 대 충성하는 사람에게서는 넷(4명)이 되고, 다음 대 다른 이에게서는 여덟(8명)이 됩니다. 그 다음 대에서는 16명이 되겠지요. 이것이 기하급수적 증식이요, 이러한 재생산의 원리가 살아나면 이 같은 증식의 셈법이 전도나 사역에도 적용된다는 것입니다.

이 승법의 사역 원리가 살아나도록 모든 평신도가 다 살아서 사역자가 되면 이 승법의 원리, 재생산의 원리, 증식의 법칙이 가동되어 사역은 배가하고 세계복음화, 제자화의 사역은 훨씬 탄력을 받는 것입니다. 이 원리는 우리의 사역 구조를 생각할 때 대단히 중요합니다. 이 원리의 중요성 인식을 위하여 다음 이야기를 음미해 보시기 바랍니다.

옛날 바둑을 좋아하는 임금이 바둑을 잘 두는 신하를 좋아하여 늘 자기 곁에 두고 자주 바둑을 두었습니다. 그러던 어느 날

임금님이 이 신하에게 내기 바둑을 두자고 하였습니다. 신하는 사양하다 못해 결국 내기 바둑을 두게 됩니다. 그런데 왕이 무슨 내기를 할 것인지 신하보고 정하라고 하는 것이었습니다. 그래서 신하는 간단히 정하자며 지는 사람이 이기는 사람에게 쌀을 바둑판 하나 채워 주기로 하였습니다. 단 바둑판 한 십자 모서리에 쌀 한 톨을 놓고 다음 모서리에는 그 배로 두 톨을 다음 칸에는 그 배로 4톨을 이렇게 하여 한 홉이 되면 다음 칸에는 배로 두 홉, 네 홉 하다가 한 되가 되면 두되, 네 되, 여덟 되, 그리고 한 말 두 말 네 말 여덟 말, 또 다시 한가마 두 가마 네 가마 여덟 가마 이런 식으로 한 칸 갈 때마다 배로 늘려서 바둑판 하나를 채워주기로 한 것입니다. 임금님은 별 생각 없이 그러자고 하여 내기 바둑을 두었는데 신하가 이겼습니다. 창고지기에게 바둑판 한판을 쌀로 채워 주라 명하였는데 그날 국고가 바닥이 나고 말았습니다.

아직도 감이 안 오면 좀 더 여러분 피부에 와 닿는 비유로 말해볼까요? 제가 돈을 많이 벌었는데 여러분에게 돈을 나누어 드리도록 하겠습니다. 여러분이 돈을 받는 방식은 두 가지 중 하나입니다. 하나는 한번에 3억 원을 받는 것이고 다른 하나는 오늘 단돈 1원을 받고 내일 2원을 모레는 4원을 다음날은 8원을 받는 식으로 매일 배로 늘려가며 30일 한 달을 받는 방식입니다. 여러분 어느 쪽입니까? 아마 3억과 1원은 비교 안 되게 차이나 보이지요? 그리고 맘 변하기 전에 한꺼번에 받는 게 낫다고 생각하겠지요. 그러나 실제로는 1원으로 시작하여 30일 동안 배로 하여 받는 것이 훨씬 큰 이득입니다. 여러분이 한번 계산해 보시기 바랍니다.

오늘 1원, 내일 2원, 모레 4원 아이고 늙어 죽겠다고 생각하겠지요? 1원, 2원, 4원이 무슨 어린애 장난인가? 아닙니다. 그 장난 같은 그것이 훨씬 커진다는 것입니다. 여러분이 오늘 한명의 신자를 데리고 목회를 시작한다 해도 1년에 한번씩 배가하도록 목회를 한다면 이 원리대로 살아난다면 30년만 목회하면 3억도 넘는 신자를 구원하고 목회한다는 것입니다. 여러분! 남은 30년 또는 20년 혹 10년이라도 이 배가방식의 원리가 살아나는 목회에 헌신해 보시기 바랍니다.

제자훈련 사역자들은 어떻게 이 배가원리의 능력을 사역에 적용할까를 고심하며 성도들을 훈련하는 일을 해 왔습니다. 단순히 성경을 가르치는 것이 아니라 성도들을 재생산자로 키워내기 위한 노력을 했습니다. 재생산 운동이 이어지고 배가방식의 원리가 사역에 살아나는 것이 제자훈련의 원리요, 목표였던 것입니다. 우리는 이 원리를 우리의 사역에 적용해야 합니다. 모든 성도들이 사역자가 되는 사역 구조를 찾아서 실다내아 이는 것입니다.

지상명령 뒤집어 보기: 제자 삼는 제자

자, 이제 주님의 지상명령을 다른 관점에서 뒤집어 보기로 합시다. 거기에 중요한 원리가 숨어 있으니까요.

18) 예수께서 나아와 일러 가라사대 하늘과 땅의 모든 권세를 내게 주셨으니 19) 그러므로 너희는 가서 모든 족속으로 제자를 삼아 아버지와 아들과 성령의 이름으로 세례를 주고 20) 내가 너희에게 분부한 모든 것을 가르쳐 지키게 하라 볼지어다. 내가 세상 끝날까지 너희와 항상 함께 있으리라 하시니라 (마 28:18-20).

우리가 어떻게 예수님의 제자가 되는지 살펴볼까요?

첫째는 믿고 세례를 받아야 합니다. 예수님을 믿음으로 제자가 됩니다. 그래서 사도행전에서는 믿게 된 사람을 제자라 불렀습니다. 제자의 수가 삼천, 오천, 허다한 무리로 늘어났다고 기록합니다. 믿고 세례 받는 자가 제자입니다. 그러나 아직 완성된 제자는 아닙니다.

둘째는 예수님의 가르침을 따르는 자 즉 예수님 말씀대로 순종하는 자가 제자입니다. 가르쳐 지키게 하라 하였습니다. 지키는 자가 제자입니다. 그러나 이 역시 아직 완성된 제자가 아닙니다.

셋째는 또 다른 이를 제자 삼는 자가 제자입니다. 왜냐하면 예수님의 가르침과 명령 중 가장 큰 것이 제자 삼으라는 명령이기에 예수님의 말씀을 따르는 자가 제자가 된다면 결국 제자 삼으라는 명령을 따를 때 진정한 제자가 될 수 있는 것입니다. 그렇다면 우리는 목사, 평신도 가릴 것 없이 제자 삼는 자가 되어야 진정한 예수님의 제자가 됩니다. 따라서 모든 그리스도인은 제자 삼는 자가 되어야 합니다. 그리고 보니 사역갱신의 초점은 어떻게 모든 평신도들을 제자 삼는 자가 되도록 할 것인가에 모아집니다. 평신도를 제자 삼는 자로 만들고 더불어 사역하는 사역구조로의 갱신이 필요합니다.

02 초대교회를 회복하라

기독교의 영성은 코이노니아 영성입니다.
코이노니아란 우리말로 사귐, 교제, 친교 등으로 번역되고
있지만 성경 전체적인 의미에서 코이노니아란 다양한 인격
이 만나 하나로 연합되는 친교를 의미합니다.

02 초대교회를 회복하라

자, 그렇다면 모든 성도를 제자 삼는 자로 세우고 재생산의 원리, 증식의 원리가 살아나는 사역구조로 가야할 터인데 그러한 시스템이 무엇일까를 진지하게 탐구하여야 합니다. 저는 지금까지 실험된 시스템 가운데 셀 교회 시스템이 가장 이와 같은 사역구조에 가깝다고 생각합니다. 셀 교회 시스템은 가장 효과적이고 21세기 환경에도 잘 맞는다고 생각됩니다. 사역갱신 주제를 다루면서 셀 교회 시스템을 다 논할 수는 없습니다. 여기서는 하나의 도전과 숙제로 던집니다. 셀 교회 시스템을 연구하고 학습하여 여러분 교회와 사역에 적용하시기 바랍니다. 여기서는 셀 교회 시스템으로 가야하는 이유와 셀 교회의 장점에 대하여 몇 가지만 말씀 드리도록 하겠습니다.

코이노니아 원리

우리가 셀 교회 시스템으로 가야하는 가장 근본적인 이유는 하나님이 우리 인간을 만드실 때부터 코이노니아 영성으로 지으셨기 때문입니다. 사람은 코이노니아 속에서 가장 행복하고 코이노니아 속에서 가장 건강합니다. 우리는 창조기사에서 하나님이 인간을 특별하게 지으셨다는 것을 읽을 수 있습니다.

> 26) 하나님이 가라사대 우리의 형상을 따라 우리의 모양대로 우리가 사람을 만들고 그로 바다의 고기와 공중의 새와 육축과 온 땅과 땅에 기는 모든 것을 다스리게 하자 하시고 27) 하나님이 자기 형상 곧 하나님의 형상대로 사람을 창조하시되 남자와 여자를 창조하시고 28) 하나님이 그들에게 복을 주시며 그들에게 이르시되 생육하고 번성하여 땅에 충만하라, 땅을 정복하라, 바다의 고기와 공중의 새와 땅에 움직이는 모든 생물을 다스리라 하시니라 (창 1:26-28).

성경적 원리에서 볼 때 하나님은 코이노니아 하나님이요, 인간도 코이노니아를 본질로 하는 존재요, 교회는 코이노니아 공동체이며, 기독교의 영성은 코이노니아 영성입니다. 코이노니아란 우리말로 사귐, 교제, 친교 등으로 번역되고 있지만 성경 전체적인 의미에서 코이노니아란 다양한 인격이 만나 하나로 연합되는 친교를 의미합니다. 차 한 잔 함께 마시는 정도의 교제가 아니라 하나를 이루는 친교를 의미하는 것이지요. 성경을 보면 하나님과 인간의 관계, 인간 상호간의 관계, 그 회복 공동체인 교회의 본질 등 기독교의 영성은 전적으로 코이노니아 영성이라는 것을 알 수 있습니다. 하나님께서 사람을 만드시던 이야기를 주목하여 살펴보면 인간의 본질적 본성이 무엇인지, 하나님이 어떤 인간 공동체를 원하셨는지, 하나님이 어떤 교회의 모습을 원하시는지 알 수 있습니다. 하나님의 인간 창조 이야기 중 가장 독특한 것은 인간이 하나님의 형상을 지닌 존재로 창조되었다는 것입니다.

그분의 형상

사람은 하나님의 형상으로 만들어졌다고 되어 있습니다. 인간은 하나님의 속성, 신격, 다시 말하여 영성을 지닌 존재로 만들어졌다는 것입니다. 그래서 인간은 영이신 하나님과 친교하며 살아가는 존재입니다. 그래서 우리 인간은 하나님과의 관계 안에서 온전한 삶을 이루게 됩니다. 인간은 영혼을 지닌, 하나님의 신격, 하나님의 영성을 지닌 존재인 것입니다. 하나님과

대화하고(communication) 친교하는(koinonia) 영성적 존재가 인간입니다.

"우리" 이미지

두 번째로 깊이 묵상하며 발견하는 진리는 그 하나님의 형상이 삼위일체 하나님을 닮은 "우리" 이미지라는 것입니다. 우리는 삼위일체 하나님이라고 고백합니다. 삼위일체 하나님이란 성부 성자 성령 삼위의 하나님이 온전히 하나를 이룬 상태를 의미합니다. 그래서 셋인데 하나인 하나님입니다. 이것을 우리는 온전한 코이노니아 하나님이라 부를 수도 있습니다. 성부 성자 성령 삼위이시지만 하나이신 하나님입니다. 이는 절대적이고 온전한 코이노니아를 이루신 하나님의 속성을 나타냅니다.

여기서 하나님의 형상이란 단순한 영성이 아니고 이 코이노니아의 속성을 포함하는 것입니다. 이전 다른 만물을 창조하실 때에는 나오지 않던 '우리' 라는 말이 인간을 창조할 때 나와서 세 차례나 강조 되고 있습니다. 사람을 창조하실 때 단순히 "하나님의 형상대로, 내 형상으로 만들겠다"가 아니라 "우리의 형상을 따라" "우리 모양대로" "우리가" 사람을 만들자고 하고 그렇게 만들었다는 것입니다.

여기서 "우리"는 누구입니까? 삼위일체 하나님을 말합니다. 왜 갑자기 삼위일체 하나님이 강조되고 인간을 그렇게 삼위일체 하나님의 형상대로 만드는 것이 강조 되는 것입니까? 그것은 인간이 하나님의 형상을 따라 만들어질 때 단순한 영성만이 아니고 하나님 안에 삼위가 하나된 친교로 존재하는 그 코이노니아, "우리" 이미지로 만들어졌다는 것을 계시하는 것입니다. 그래서 인간은 처음부터 개인으로 살아가는 존재로 지음 받은 것이 아니라 "우리"로 존재하는 존재인 것입니다. 인간 서로 간에도 하나 되는 친교를 이루며 살도록 하신 것입니다. 이것이 인간의 본질적인 존재 방식입니다.

최초의 인간관계인 부부관계는 이러한 코이노니아를 잘 보여줍니다. 그리하여 인간 창조에서는 남자와 여자로 창조하셨음이 강조되고 2장에서 남자와 여자가 한 몸을 이루라고 하셨습니다.

> 이러므로 남자가 부모를 떠나 그 아내와 연합하여 둘이 한 몸을 이룰지로다 (창 2:24).

기독교의 영성은
코이노니아 영성입니다.
코이노니아란 우리말로
사귐, 교제, 친교 등으로
번역되고 있지만
성경 전체적인 의미에서
코이노니아란 다양한 인격이 만나
하나로 연합되는 친교를 의미합니다.

Living Worship

둘이지만 한 몸을 이루어 하나로 인생을 살아가는 것이 부부요, 진정한 코이노니아의 경험입니다. 하나님은 부부의 경우 마음만이 아니라 몸도 하나 되는 코이노니아 속에 사랑하며 연합하는 삶을 살도록 섭리하셨습니다. 인간은 하나님과의 코이노니아 연합, 인간 간에도 코이노니아 연합을 이루며 살아야 온전한 인생이 됩니다.

파괴된 코이노니아

인간의 타락 이야기를 통하여 우리가 깨닫게 되는 것은 마귀가 파괴하려 한 것이 코이노니아라는 것입니다. 하나님과의 코이노니아를 파괴함과 동시에 인간 서로간의 코이노니아를 파괴하려 한 것입니다. 하나님은 선악과를 먹지 말라 하시고 먹는 날에는 정녕 죽으리라 말씀 하셨습니다.

> 선악을 알게 하는 나무의 실과는 먹지 말라 네가 먹는 날에는 정녕 죽으리라 하시니라 (창 2:17).

뱀의 유혹은 먹어도 결코 죽지 않는다는 것이었습니다.

뱀이 여자에게 이르되 너희가 결코 죽지 아니하리라 (창 3:4).

아담과 하와는 하나님의 말씀을 불신하고 뱀의 말을 듣고 선악과를 따먹습니다. 불신은 사랑으로 하나 되는 연합, 즉 코이노니아를 파괴하는 결정적인 독소입니다. 불신은 친교를 파괴합니다. 불신은 연합을 파괴합니다. 불신은 코이노니아를 파괴합니다. 그리하여 하나님과의 연합이 깨어졌습니다. 성경은 파괴된 하나님과의 친교를 이렇게 표현합니다.

그들이 날이 서늘할 때에 동산에 거니시는 여호와 하나님의 음성을 듣고 아담과 그 아내가 여호와 하나님의 낯을 피하여 동산 나무 사이에 숨은지라 (창 3:8).

사랑의 관계, 연합된 관계, 코이노니아 관계에 있을 때라면 하나님의 임재가 얼마나 즐겁고 감격스러운 일이겠습니까? 그러나 코이노니아가 파괴된 상태에서는 하나님의 임재가 두려움이 되고 피해야 하는 상황이 되었습니다. 그 다음은 인간관계도 파괴됩니다.

한 몸이었던 아담과 하와 사이도 파괴되었습니다. 저음 타락

이전에 아담은 하와를 보고 감격스럽게 외쳤습니다.

> 아담이 가로되 이는 내 뼈 중의 뼈요 살 중의 살이라 이것을 남자에게서 취하였은즉 여자라 칭하리라 하니라 (창 2:23).

하나 된 연합의 기쁨과 감격이 나타나 있습니다. 그러나 타락하여 하나님과의 연합이 파괴되면서 인간의 본질인 "우리" 이미지 역시 깨집니다. 아담은 타락 후 이렇게 말합니다.

> 아담이 가로되 하나님이 주셔서 나와 함께 하게 하신 여자 그가 그 나무 실과를 내게 주므로 내가 먹었나이다 (창 3:12).

아담은 하와를 자신과 한 몸인 존재가 아닌 "여자 그가"로 전락시킵니다. 여자는 아담에게 있어서 3인칭 즉 제 삼자가 되어버립니다. 하나 된 감격은 무너지고 아내를 제 삼자로 전락시키는 비열함이 나타납니다.

회복된 코이노니아

예수님의 십자가는 이 파괴된 코이노니아를 회복하게 하는 사건이었습니다. 바울 사도는 이 코이노니아가 회복된 새 인간을 지으시려고 예수님이 십자가의 구속과 화해의 역사를 이루셨다고 증거합니다.

> 14) 그는 우리의 화평이신지라 둘로 하나를 만드사 중간에 막힌 담을 허시고 15) 원수 된 것 곧 의문에 속한 계명의 율법을 자기 육체로 폐하셨으니 이는 이 둘로 자기의 안에서 한 새 사람을 지어 화평하게 하시고 16) 또 십자가로 이 둘을 한 몸으로 하나님과 화목하게 하려 하심이라 원수 된 것을 십자가로 소멸하시고 17) 또 오셔서 먼 데 있는 너희에게 평안을 전하고 가까운 데 있는 자들에게 평안을 전하셨으니 18) 이는 저로 말미암아 우리 둘이 한 성령 안에서 아버지께 나아감을 얻게 하려 하심이라 19) 그러므로 이제부터 너희가 외인도 아니요 손도 아니요 오직 성도들과 동일한 시민이요 하나님의 권속이라 (엡 2:14-19).

성경은 교회의 본질적 속성을 분명히 코이노니아 공동체라고 말합니다. 여기 에베소서에서도 이 사실이 강조되고 있습니다. 물론 이 본문이 유대인과 이방인의 구분 없이 모두 예수 안에서 하나 되게 하사 하나님의 가족이 되게 하셨다고 말합니다만 우리가 보편적으로 이해할 때 둘이 하나 되어 하나님과 하나 되는 코이노니아 공동체가 교회인 것을 나타냅니다. 그리고 이 교회를 통하여 회복된 새 인간상을 지으시려는 것입니다.

둘로 하나를 만드시고자 하는 것이 하나님의 뜻입니다. 개인주의에 함몰되어 모래알처럼 살아가는 인생이 아니라 둘이 하나 되어 살아가는 새 사람을 만들고자 하였습니다. 하나님은 원래 인간을 코이노니아 영성과 인성으로 지으셨는데 사탄의 유혹에 빠져 타락한 인간은 하나님께로부터 분리되고 사람 상호간에도 이기주의로 분리되는 죄인이 되고 말았습니다. 그러나 예수님의 십자가로 하나님과 사람이 화목하게 될 뿐 아니라 사람과 사람이 하나 되는 진정한 연합의 코이노니아적 새 인간이 될 수 있습니다. 교회는 바로 새 인간상을 이루는 공동체입니다.

둘을 한 몸으로 만들어 또 하나님과 화목하게 하고 둘이 한 성령 안에서 하나님 아버지께 나아가 하나님과도 하나 되는 그러한 인간의 삶을 회복하고자 하는 것이 하나님의 뜻입니다.

오늘날 이 코이노니아 영성을 상실한 교회의 모습은 개인적 영성을 추구하는 양상으로 나타나고 있습니다. 우리는 하나님을 깊이 만나기 위하여 홀로 기도하고 금식하고 수도사적인 삶을 연습할 수도 있습니다. 그러나 가장 깊은 영성과 가장 충만한 영성은 형제들과 연합하는 친교 속에서 성장하고 충만해 집니다. 그런데 오늘날 우리 교회의 생활은 이 깊은 코이노니아 영성을 경험하기 어려운 것이 현실입니다.

바로 이 지점에 현대 교회가 셀 교회로 다시 회복되어야만 하는 이유가 있습니다. 작은 셀 교회에서 이 코이노니아 경험이 깊어지게 되기 때문입니다. 단순히 작은 그룹을 만들기만 하면 이 과제가 성취된다는 뜻은 아닙니다. 이 원리를 알고 이루고자 하는 열망으로 셀을 만들고 사랑하고 기도해야 합니다. 원리가 잘 적용되고 경험되면 성도들은 셀 라이프에서 행복하고 건강한 영성으로 성장할 수 있습니다. 2단계 셀 시스템 훈련에 오시는 사모님 한 분은 이 코이노니아 원리를 깨닫고 셀 모임을 교회 현장에 적용하고 셀을 인도하는 중에 먼저 자신이 치유를 받고 영적 자유를 경험하게 되었다고 합니다. 그러자 모든 셀 멤버들이 행복해 하고 서로 사랑하고 서로 위하여 기도하고 치유가 일어나는 산 경험이 되고 있다고 간증하더군요.

미션의 원리

우리 교회와 성도는 모두 목양사명과 제자화의 사명을 받고 있습니다. 지금까지 우리 교회는 목사라는 성직자 그룹이 사역하고 평신도는 구경하는 관객이 된 이분법적 구조였기에 복잡 사명도 제자화 사명도 활성화 되지 못한 상태였습니다. 그러나 셀 교회로 전환된 지금의 교회 구조에서는 모든 평신도가 셀 리더가 되어 전도하고 양육하고 제자화 하는 일에 모두가 헌신하게 되었습니다. 셀 교회의 가장 큰 사명은 더불어 전도하는 일이고 셀 교회의 중요한 목적은 모든 성도를 리더로 양육하고 훈련하여 세우는 것입니다. 그러므로 우리는 교회 전체적으로 볼 때 사명을 효과적으로 성취하는 구조요, 성도 개인들도 모두 사명에 헌신하는 구조를 이루게 되었습니다. 셀 시스템은 모든 그리스도인을 사역자로 세우고 주님의 지상명령을 함께 수행하는 효율적인 시스템입니다.

증식의 원리

이 원리도 이미 제자화의 원리에서 좀 다루었습니다. 다시 한 번 성경적 명령으로 읽어 봅시다.

> 하나님이 그들에게 복을 주시며 그들에게 이르시되 생육하고 번성하여 땅에 충만하라, 땅을 정복하라, 바다의 고기와 공중의 새와 땅에 움직이는 모든 생물을 다스리라 하시니라 (창 1:28).

하나님은 사람을 지으시고 축복하며 말씀하시기를 "생육하고 번성하여 땅에 충만하라" 하셨습니다. 하나님은 한 쌍의 아담과 하와를 통하여 땅에 충만할 만큼 생육하고 번성하도록 축복하셨습니다. 하나님의 형상대로 지어진 인간들이 번성하여 충만한 세상을 하나님은 원하셨던 것입니다. 이때의 이 생육과 번성은 하나님의 형상 그대로 번성하여 서로 사랑하며 아름답게 살며 영생하는 사람들의 생육이요, 번성입니다. 죽지 않으니 자연히 머지않아 땅에 충만하게 되겠지요. 그러나 인간이 타락하게 되자 인간은 일단 지상에서는 영생하지 못하고 죽게 되었습니다. 이렇게 되면 이제 생육하는 동안 사망도 이루어져 번성이 어려워질 듯 하지만 여전히 하나님은 생육하고 번성하라고 하셨습니다. 타락한 인간들을 한 차례 홍수로 심판하시기는 하였으나 심판을 이기고 살아남은 노아의 제사를 흠향하신 하나님은 인간들에게 생육하고 번성하여 땅에 충만하라 하셨습니다.

하나님이 노아와 그 아들들에게 복을 주시며 그들에게 이르시되 생육하고 번성하여 땅에 충만 하라 (창 9:1).

이렇게 하여 사실 이 땅 위에는 사람들이 거의 충만할 만큼 생육하고 번성하여 왔습니다. 이 땅에 60억이 넘는 사람들이 살게 되었고 지구가 포화상태가 되지 않을까 걱정하는 소리까지

나올 만큼 충만하게 되었습니다. 여러분, 이 땅에 사람들이 어떻게 충만하게 되었는지 아십니까? 생육하고 번성하였기 때문입니다. 생육하고 번성한다는 게 무엇입니까? 생육이란 자녀를 낳고 기르는 것이지요? 번성은 그리하여 배가 되는 것입니다. 증식하되 기하급수적 증식입니다.

번성/ 기하급수적 증식

오늘날 육신적 인구는 폭발할 정도로 충만하게 되어 인구폭발이라는 말을 낳았습니다. 사람이 낳고 또 죽는데도 왜 인구가 폭발하게 되었나요? 그것은 사람이 자녀를 낳고 자신이 죽기 전에 그 자녀가 또 생육하기 때문입니다. 죽는 속도보다 생육하는 속도가 빠르기 때문에 인구가 늘어나고 번성하게 되었던 것입니다. 한 사람이 한 사람을 낳고 죽으면 종족 유지는 되어도 번성을 할 수는 없습니다. 기하급수적으로 인구가 늘어나기에 번성하게 되었습니다. 한 사람이 둘이 되고 둘은 셋이 되는 것이 아니라 넷이 되고 넷은 여덟이 되고 여덟은 16이 되고 하는 식으로 기하급수적으로 늘어나게 되어 번성하는 것입니다.

그래서 번성이라는 말을 영어로 번역할 때는 Multiplication 이라 하고 동사로 Multiply 라 하는데, 이 멀티플라이는 증식

오늘날 이 코이노니아 영성을 상실한 교회의 모습은 개인적 영성을 추구하는 양상으로 나타나고 있습니다. 우리는 하나님을 깊이 만나기 위하여 홀로 기도하고 금식하고 수도사적인 삶을 연습할 수도 있습니다. 그러나 가장 깊은 영성과 가장 충만한 영성은 형제들과 연합하는 친교 속에서 성장하고 충만해 집니다.

Living Worship

을 의미하되 기하급수적 번식을 의미합니다. 지구상에 사람의 수가 둘에서 출발하여 점점 늘어날 때 처음에는 그 늘어나는 속도가 미미해 보이지만 점점 늘어나는 속도에 가속도가 붙습니다. 왜냐하면 기하급수적 번식, 배가방식의 번식이기 때문입니다.

실제 지구상의 인구 증가를 보면 예수님 당시에 인구는 약 4억이었습니다. 그리고 마르틴 루터의 종교개혁 당시에 그 배로 불었습니다. 배로 늘어나는데 약 1500년이 걸린 배가였지요. 그것이 다시 배가 되는 데는 약 300년이 지난 1800년대였고 거기서 130년이 지난 1930년대에 다시 배가 되더니 그 후 약 70년이 지난 2000년대에는 65억이 되었습니다. 배가 되는 속도는 갈수록 빨라집니다. 이는 기하급수적 증식이기 때문입니다. 모든 사람이 생육하기만 하면 번식하게 되어 있고 기하급수적 증식이 이루어지게 되어 있습니다. 인구가 너무 많아져 가족계획을 장려하기 전까지는 이 땅의 육신적 인구는 기하급수적으로 늘어날 수밖에 없습니다.

영적 인구의 증식

이제 우리는 육신적 인구가 번성하는 일에 신경 쓸 필요가 없습니다. 왜냐하면 너무 많아 염려될 만큼 충만하기 때문입니다. 우리의 관심은 영적 인구의 증식입니다. 육신적 인구는 기하급수적으로 배가 방식으로 번성해 왔는데 하나님의 백성, 영적 백성은 왜 증식이 안 되는 것이냐 하는 것이 우리가 고민해야 하는 문제입니다.

우리는 여기서 영적 인구의 기하급수적 증식의 비전을 회복해야 합니다. 출애굽기에 보면 하나님의 백성이 번성했다는 것을 볼 수 있습니다.

> 하나님이 그 산파들에게 은혜를 베푸시니라 백성은 생육이 번성하고 심히 강대하며 (출 1:20).

애굽에 있던 하나님의 백성은 바로의 억시정책에도 불구하고 생육하고 번성했습니다. 하나님은 인간의 육신적 번식을 축복하였을 뿐 아니라 하나님의 백성의 번성도 축복하셨습니다. 더군다나 오순절 이후의 초대 교회가 얼마나 번성하고 증식하였는지를 다시 상기하는 것은 고무적인 일입니다. 사도행전은 예수님의 제자, 영적 인구가 얼마나 강력하게 번성하였는지를 잘 보여 줍니다.

> 그 때에 제자가 더 많아졌는데 헬라파 유대인들이 자기의 과부들이 그 매일 구제에 빠지므로 히브리파 사람을 원망한대 (행 6:1).

> 하나님의 말씀이 점점 왕성하여 예루살렘에 있는 제자의 수가 더 심히 많아지고 허다한 제사장의 무리도 이 도에 복종하니라 (행 6:7).

> 그리하여 온 유대와 갈릴리와 사마리아 교회가 평안하여 든든히 서 가고 주를 경외함과 성령의 위로로 진행하여 수가 더 많아지니라 (행 9:31).

> 하나님의 말씀은 흥왕하여 더하더라 (행 12:24).

여기 굵은 글자로 표시한 단어들은 영문으로 하면 모두 multiplied로 되어 있어 증식이 얼마나 컸나를 보여 줍니다. 영적으로 생육하고 번성하는 것이 하나님의 뜻입니다. 타락한 이후 회복된 인간으로서의 영적 인구가 생육하고 번성하는 것이 하나님의 뜻입니다.

왜 오늘날 우리 교회는 이 영적 증식, 특히 기하급수적, 배가

방식의 번식을 못하게 된 것일까요? 이는 성도들을 불임 인구로 만들었기 때문입니다. 언제부터 그렇게 되었습니까? 그 모진 핍박 속에서도 그렇게 번식하던 기독교가 주춤하게 된 원인은 세계 중심국이었던 로마제국 콘스탄틴 대제가 313년 기독교를 국교로 선포하면서 전도할 필요가 없어졌기 때문이었습니다. 너무 편하게 먹고 놀다 보면 비만증에 걸리듯이 그 당시 성도들은 영적으로 병든 상태에 놓이게 된 것이지요. 우리는 이 불임에서 치유 되어야 합니다. 그리고 생육하고 번성하는 능력을 회복하여야 합니다. 이 생육과 번성의 원리가 대단히 중요합니다.

번성은 배가방식의 증식, 기하급수적 증식이 이루어지는 것을 의미합니다. 이 기하급수적 증식은 모든 사람이 생산능력을 갖추고 자연 그대로 생육하기만 하면 번성한다는 것입니다. 그런데 영적 증식에 있어서는 혹 성장이 있다 해도 더하기 식 성장에 불과하다는 것이 세계 기독교 교회의 반성입니다. 곱하기식, 배가방식, 기하급수적 증식이이야 하는데 더하기식 성장이므로 영성번식이 인구성장을 따르지 못하고 있습니다.

그래서 20세기 후반 들어 제자훈련 운동을 중심으로 배가 방식의 영적 성장을 도모하게 되었습니다. 처음에는 학생 청년 선교 단체에서 재생산을 위한 제자훈련을 시도하게 되었고 점차 지역 교회에서도 이 배가방식 성장을 목표로 하는 제자훈련 방식을 도입하기에 이르렀습니다. 그리고 셀 교회는 깊은 코이노니아 경험과 더불어 성령의 능력을 힘입어 모든 신자를 리더로 세워 불임 신자가 없도록 하는 원리를 추구하게 되었습니다.

이 배가 방식, 기하급수적 증식, 생명의 번식 원리가 우리 교회에서 살아나야 합니다. 그래서 영적 인구도 그렇게 기하급수적으로, 배가 방식으로 생명의 번식 원리로 성장해야 합니다.

우리가 셀 교회의 원리들에 관심을 갖고 셀 교회를 추구하려는 것은 모든 성도를 영적으로 건강하게 치유하여 성도들을 불임 신자가 아닌 생육하고 번성하는 신자로 키워내고자 함이요, 생육하고 번성하는 교회가 되고자 함입니다.

셀 교회의 시스템이 정착되고 영성이 살아 움직이는 교회가 되면 셀이 셀을 낳는 재생산이 이루어질 것입니다. 이것이 셀 시스템을 교회에 적용해야 하는 이유입니다.

셀 시스템 이해

이제 셀 시스템에 대하여 개략적인 이해를 가져 봅시다. 셀 시스템을 추구하려 할 때 도움이 되게 하기 위하여 개략적인 이야기를 해보겠습니다.

교회의 두 구조 / 예루살렘 교회를 보면 이 교회가 이미 두 구조의 교회 시스템으로 형성 되어 있었던 것을 알 수 있습니다. 사도행전 2장에서 교회의 두 구조를 살펴보십시오.

42) 저희가 사도의 가르침을 받아 서로 교제하며 떡을 떼며 기도하기를 전혀 힘쓰니라. 43) 사람마다 두려워하는데 사도들로 인하여 기사와 표적이 많이 나타나니 44) 믿는 사람이 다 함께 있어 모든 물건을 서로 통용하고 45) 또 재산과 소유를 팔아 각 사람의 필요를 따라 나눠 주고 46) 날마다 마음을 같이 하여 성전에 모이기를 힘쓰고 집에서 떡을 떼며 기쁨과 순전한 마음으로 음식을 먹고 47) 하나님을 찬미하며 또 온 백성에게 칭송을 받으니 주께서 구원받는 사람을 날마다 더하게 하시니라 (행 2:42-47).

여기에 보면 초대교회가 두 구조로 이루어진 것을 보게 되는데 하나는 "성전에 모이기를 힘쓰던" 큰 구조요, 하나는 "집에서 떡을 떼며" 교제하던 작은 구조입니다. 중세 이후 전 세계적으로 대부분의 교회에 큰 구조 하나만 남고 작은 구조는 거의 사라졌습니다. 그런데 웨슬리가 작은 구조를 사용하여 부흥운동의 저변을 확대하였고, 한국교회는 순복음 교회의 영향을 받아 구역이라는 작은 구조를 갖게 되었습니다. 그래서 한국교회는 작은 구조인 셀 시스템에 그다지 낯설지는 않습니다. 그런데 이는 장점이면서 단점이기도 하지요. 이미 가진 것으로 생각하고 셀 시스템에 대한 소극적 태도를 보일 수 있는 것은 단점이요, 이미 작은 구조를 경험한 우리로서는 시스템 이해의 장점이 있습니다. 우리는 성전에 모이는 큰 구조를 영성으로 충만하게 하는 동시에 작은 구조도 그 원리에 맞게 재건하고 활성화시켜야 합니다.

셀 시스템의 몇 가지 형태

우리가 전통적으로 가지고 있던 구역 셀 시스템으로부터 셀의 세포분열방식을 가진 고전적 셀 시스템과 근래 셀 시스템의 화두가 된 G-12 시스템까지 그 시스템의 개략을 살펴보기로 하지요.

1) 구역 시스템

　구역 시스템은 우선 지역을 중심으로 몇 사람씩 소그룹으로 묶었습니다. 그런데 이러한 구역은 전적으로 담임 목사에 의하여 편성된 그룹이며 주로 관리 셀 역할을 합니다. 그리고 구역이 성장하는 원리로서는 구역에서 전도하도록 도전하지만 전도의 열매는 그다지 많지 않은 편입니다. 그 성장과 증식에서 구역을 1년 단위로 묶었다 나누는 형식을 취하므로 코이노니아의 단절을 경험합니다. 구역 모임은 작은 단위의 예배 형태로 이루어집니다. 이러한 구역 시스템은 코이노니아의 단절이라는 단점을 보완해야 하고 전도하는 구역으로 동력화 해야 하고 또 하나의 예배를 위한 모임이 아니라 나눔과 기도사역의 모임이 되도록 보완할 필요가 있습니다.

2) 고전적 셀 시스템

　이 시스템은 사실 현대의 셀인데 고전적이란 말을 붙이게 된 것은 후에 나온 G-12시스템과 그에 따른 변형된 셀 시스템들 때문입니다. 고전적 셀 시스템은 20세기에 사용되어 온 셀 시스템입니다. 이 시스템에서는 리더를 먼저 훈련하고 리더에 따라 셀 멤버를 배치하여 멤버의 자발성을 반영하며 비슷한 연령과 비슷한 직업 또는 삶의 여건 등이 비슷한 사람끼리 만드는 소그룹이 되게 한다는 점이 훨씬 나아진 셈입니다. 이는 교회

성장이론에서 동질 집단 간 전도가 훨씬 용이하고 성장이 빠르다는 원리가 적용된 것입니다. 사실 코이노니아도 동질 집단끼리 빠르게 이루어집니다. 이 시스템에서는 또한 전도를 위한 오픈 셀과 오이코스 전도 등 전도를 매우 강조하여 전도하는 셀로서의 면모가 강합니다. 그리고 셀이 자라서 둘로 세포 분열되는 방식의 성장을 꾀합니다. 그러므로 증식의 원리가 일단 적용됩니다. 하나의 셀이 두개의 셀로 자라도록 전도하는 동안 둘로 나뉘었을 때를 대비한 차기 리더 훈련이 동시에 진행됩니다.

이 시스템에서는 셀이 성장하여 나뉠 때 코이노니아를 가진 사람들이 반쪽씩 나누어집니다. 이는 일반 구역 구조에 비하면 코이노니아의 단절이 적긴 하나 여전히 일부 코이노니아의 단절이 진행됩니다. 그래서 성도들 중 일부에 의해 코이노니아의 단절을 싫어하여 "셀을 그만 키우자. 전도를 그만 하자"는 식의 분위기가 형성되는 경우도 있습니다. 그리고 셀 리더로 일부 엘리트들이 세워지고 나머지 많은 멤버는 한동안 리더로 세워지지 않는다는 단점이 있습니다.

3) G-12 시스템

G-12시스템은 가장 강력한 시스템이지요. 담임 목사가 12명을 선택하여 제자를 삼고 셀 모임을 가지면서 제자훈련하고 코치하면서 각각의 멤버는 다시 자셀(자녀 혹은 자식 셀)을 개척

하도록 지도하고 코치하는 구조입니다.

　이렇게 되면 코이노니아의 단절은 전혀 없습니다. 그리고 전체 멤버를 리더로 세우는 것이 목표요, 원리이므로 모든 성도를 목양자로 세우는 원리가 적용됩니다. 그리하여 12배가의 성장으로 증식의 원리가 가장 강력하게 적용된다는 점이 강점입니다.

　단점이 있다면 셀 시스템이 돌아가기 위하여 한 사람이 두 셀에 참여하여야 한다는 것입니다. 그렇기 때문에 시간의 배분문제가 생깁니다. 결과적으로 교회 전체 사역 구조를 셀 중심으로 구조 조정하지 않으면 어렵게 됩니다.

　그리고 또 하나의 어려운 점은 G-12의 G가 그룹의 G가 아니라 Government(정부, 통치)의 G로서 담임 목사는 오직 12명의 직계 제자들과 직접 셀 모임을 갖게 됩니다. 때문에 배타적인 구조가 될 수 있다는 단점이 있습니다. 한국교회가 당회와 직원회 그 외 여러 조직으로 되어 있고 리더십에 대한 정치적 관심이 아주 크기 때문에 G-12의 적용이 그리 쉽지는 않습니다.

　그래서 G-12 시스템의 장점을 취하고 한국교회에 적용점을 찾아 평생 배타적 12명 제자 시스템이 아니라 3대의 비전 즉 자셀(아들)을 낳고 손셀(손자)을 낳을 때까지 그리고 담임 목사도 누구도 또 다른 셀을 개척하고 시도할 수 있는 힐탑 시스템으로 하여 코이노니아 원리와 미션 원리, 증식의 원리만 극대화 시키고 통치 개념은 뺀 시스템이 개발되기도 하였습니다.

아마도 이 변형된 G-12 시스템이 우리가 추구하여야 할 시스템이라 보면 됩니다. 구체적인 평가와 실험은 여러분이 하여야 하겠지만 저로서는 그렇게 방향을 제시해 봅니다.

이번 사역갱신 주제에서는 대체로 평신도를 사역자로 세우는 시스템 개발이 과제라는 것을 강조하였습니다. 그리하여 증식의 원리가 사역에 적용되어 전도와 양육 선교와 성장이 극대화 되는 사역구조로의 갱신을 도모할 수 있기를 바랍니다.

그리고 이런 목적의 시스템으로서는 현재 알려지고 실험된 시스템 중에는 셀 교회 시스템이 가장 가까운 시스템이라는 것을 이해해 보고 탐구하여 적용하게 되기를 바랍니다. 여러분의 사역이 구조적, 영적으로 새롭게 변화되어서 부흥과 성장, 전도와 선교가 강력하게 이루어지기를 바랍니다.

바나바훈련생 간증 모음

| 바나바훈련생 간증 모음 |

"아! 목회란 이런 것이구나!"

장기동 목사 제35기, 속사교회

2005년도 참 많은 것을 경험하고, 생각하게 하는 한 해였다. 젊은 목회자로 성도들의 삶과 영적인 문제를 조언해주고, 하나님의 말씀의 대언자로 섰다는 것이 항상 부담이었다.

그런데 그것은 결국 내 안에 하나님의 은혜로 채우심이 없었기 때문이었다. 나는 그것을 바나바 훈련을 통해서 깨닫게 되었다. 목회자 자신이 말씀과 은혜로 채움을 받지 못하고 영적 풍성함이 없으면 결국은 자기의 문제에 허덕이는 삶을 살게 되고, 성도를 대할 때는 직업적인 의무감으로 다가갈 수밖에 없음을 말이다.

나는 목회사역에 임한이래로 나름대로 열심히 사역을 하였다. 언젠가 서울신학대학교 총동문회에 바나바훈련원 원장이

신 이강천 목사님께서 강사로 오셔서 말씀을 전하셨다. 어린아이와 같은 순수한 믿음이 없으면 안 된다는 말씀을 전하실 때 목사님의 순수함과 열정이 느껴졌다.

그리고 몇 년 후 강원지방회의 신년기도회에 또 이 목사님께서 오셔서 창세기 12장의 '복의 근원'에 관한 말씀을 전해주셨다. 그 때 받은 은혜로 이왕이면 바나바 훈련원에 가서 훈련받고 싶은 마음이 들었다.

하지만 당시에 하고 있었던 공부가 마치지 않은 상태였고, 교회에 여러 가지 공사와 행사가 있어서 차일피일 미루고 있었다. 그런데 주변에서 바나바 훈련을 마친 목회자들의 변화된 모습을 보고 언제까지 미루지 말아야겠다는 생각을 하였다. 그리고 목사님의 건강이 약해보여서(?) 조금이라도 더 늦기 전에 바나바 훈련을 받아야겠다는 마음이 들었다.

결국 성령께서 인도하신다는 생각을 하면서 교회에 선포를 했다. 사실 허락을 받아야 할 입장이었지만, "목사님은 계속 공부만 하러 다니신다."라는 말이 나올까 염려되어 아예 처음부터 '목회자 영성훈련'을 강조하면서 반드시 거쳐야 할 과정임을 선포하였다. 감사하게도 성도들이 이해를 해주셔서 훈련을 시작할 수 있었다.

그런데 시작부터 순탄하지 않았다. 훈련 첫날 저녁에 불길한 전화가 왔다. 그동안 백혈병으로 투병 중이셨던 젊은 집사님께서 돌아가셨다는 것이다. 훈련 둘째 날 새벽에 교회로 와서 장례를 마치고 셋째 날 다시 훈련원으로 향했다. 그리고 두 번째 훈련이 있던 4월에는 장로님의 아버님께서 돌아가셨다는 것이다.

결국 훈련기간 중에 다시 와서 장례를 치루고 돌아가서 훈련을 마쳤다. 그런데 돌아오는 날 교회에 또 다른 장례가 난 것이다. 교회에 말하기 좋아하는 사람들은 목사님이 교회만 비우면 장례가 난다고 수근 거렸다. 그런데 내 마음에 이런 생각이 들었다.

"하나님께서 바나바 훈련을 통해서 나를 얼마나 성숙하게 하시고, 교회를 세우려고 하시는지, 어둠의 세력이 자꾸 방해를 하는구나! 바나바 훈련은 반드시 마쳐야겠다." 라는 생각이었다.

덕분에 내가 바나바 훈련원에 들어가는 동안에는 교회에 새벽기도 인원이 더 많아졌고, 기도의 소리도 더 커졌다고 한다. 목사가 없을 때 새벽기도 인원이 줄어들지 않고 오히려 더 많아졌다는 소리를 들으니 그리 유쾌(?)하지는 않았지만, 새벽잠을 깨치고 일어나 교회로 향한 순수한 성도들로 인해 감사하기만 했다.

이후로 훈련 기간 동안 교회는 평안했고, 훈련을 통해서 배운 여러 가지 기도방법과 삶의 변화를 촉구하는 말씀들이 선포될 때 성숙되어져가는 성도들을 바라볼 수 있었다.

"하나님이 정말로 원하시는 목회의 방법은 바로 이러한 것이 구나!" 하는 생각이 들었다. 수요예배 시에는 '10-40 창문지역'을 위한 중보기도 소리가 울려 퍼지고, 새벽기도와 심야기도회에서는 지역을 위한 영적 싸움을 위한 기도의 소리가 커져 갔다.

2006년도 한 해는 아예, '복의 근원이 되는 성도' 라는 표어로 살기로 했다. 아브라함을 복의 근원으로 삼으셨던 하나님의 뜻을 깨달아서 선교지를 위해서 후원하며 기도하고, 지역의 영적 변화와 성숙을 위해서 애쓰는 성도와 교회가 되기를 소망하는 마음에서 말이다.

그밖에 여러 가지들을 적용하려고 하는데 가장 중요한 것을 목회자의 영적 라이프스타일이 변화되고 성숙되어야 이 모든 일이 가능하다는 것을 알게 되었다.

아울러 지난 한 해 동안 함께 훈련받았던 좋은 동역자들과의 교제와 사랑도 목회를 하면서 얻기 어려운 훌륭한 격려가 되었다. 모두 감사할 뿐이다.

그리고 이강천 목사님이 더욱 강건하셔서 더 많은 목회자들이 훈련받고, 사역에 큰 힘을 얻는 통로로 쓰임 받으시기를 기도한다.

| 바나바훈련생 간증 모음 |

"♬내 평생 사는 동안
주 찬양하리~!"

박경찬 사모 제35기 구성중앙교회

요즈음 나의 맘을 사로잡는 귀한 찬양입니다. 내 평생 사는 동안 주님만을 송축하며 주님만을 찬양하며 살기를 소원하며 다짐 해 봅니다. 훈련 전의 저의 모습으로 지금 이글을 쓴다는 것은 감히 상상치도 못할 일이 아닌가 하는 생각이 듭니다.

저에게 있어서 바나바훈련은 신앙인으로서 아니 더 나아가 사모로써 저의 삶에 큰 전환점이 되었음을 고백해 봅니다. 바나바훈린은 하나님께서 1년 동인 지를 위헤 예비헤 놓으신 소중한 계획이셨다는 것을 수료 후에 더욱 실감케 됩니다.

훈련을 통해 하나님께서 저에게 많은 은혜를 쏟아 부어주셨 습니다. 그 가운데 가장 큰 은혜는 저의 자존감의 회복입니다. 훈련 과정 속에서 바르게 저를 볼 수 있었으며 35기 복사님 사모님들의 격려와 사랑을 통해서도 저를 발견하게 되었습니다.

하나님께서는 저에게 너무나 많은 은혜를 베풀어 주셨건만 전 감사치 못했고 항상 저 자신을 자학하며 사모로서 아내로서 엄마로서 자질부족을 탓하며 그렇게 기죽어(?)살고 있는 제 모습을 보았습니다.

바나바훈련 공동체 생활 속에서 제가 하나님의 귀한 자녀임을, 축복받은 자녀임을 깨닫게 되었고 자존감이 회복되면서 이제는 사람들 앞에 조금도 기죽은 모습이 아닌 당당한(?)모습으로 설수 있다는 사실이 제 자신을 놀라게 합니다. 서로를 세워주고 인정해 주고 칭찬해주는 바나바훈련 공동체 생활을 통해서 말입니다.

이강천 목사님의 귀한 여주동행과, 세계비전, 중보사역, 동적영성, 사역갱신, 성령사역에 대한 말씀들은 하나님과의 관계의 중요성과 교회 안에서 사모로서 어떻게 남편을 섬길 것인지를 알게 하셨습니다.

특히 중보사역 강의 중 천국 공동체의 삶을 이루라는 강의는 저가 사역을 감당하다가 받은 상처들이 치유 되는 놀라운 체험도 하게 되었습니다. 생각할수록 가슴이 벅차오릅니다.

또한 훈련을 통해서 제가 더욱 주님께 감사함은 주님의 사랑을 머리로가 아닌 가슴으로 느끼게 되었다는 사실이지요. 평소에도 눈물 많은 제가 주님의 사랑을 가슴으로 느끼게 되면서 감격의 눈물은 더 많아지게 되었습니다.

그런데 정말 중요한 것은 그 눈물이 어떤 종류의 눈물이냐 하는 것이겠지요. 훈련 받기전의 흘리는 눈물은 주님 앞에서 저의 아픔을 내놓으며 흘리는 눈물이었습니다. "주님! 속상해요, 왜 전 이것밖에 될 수 없나요. 그들이 저를 아프게 해요 등등…" 그런데 지금은 그렇지 않다는 사실입니다.

"주님! 감사합니다. 이렇게 부족한자를 사랑해 주시고 은혜 베풀어 주시니 주님의 은혜 감사드립니다." 이제는 주님께 감사해서 흘리는 눈물, 그런 차원 높은 눈물이 되었습니다. 주님께서 그러한 저를 보실 때도 얼마나 기특해 하시며 좋아하실까 주님의 모습을 그려보며 혼자 바보처럼 웃어봅니다.

요즈음 저는 예배 때 마다 주의 사랑에 감격하여 눈물의 예배를 드리고 있습니다. 성찬식 때는 말할 것도 없습니다. 예배 때마다 성찬식 때마다 감사의 눈물을 흘리는 저의 모습을 성도들은 이해를 못합니다.

며칠 전 성찬식 때에도 주님의 은혜 감사해서 울었습니다. 그 모습을 본 한 청년이 다가와 "사모님! 왜 우세요. 우시는 모습 보니 마음이 아파요." 전 이렇게 웃으며 말했습니다. "하나님의 은혜가 나를 울리네?"라고요. 이렇게 엄청난 변화가 저에게도 생겼습니다. 정말 놀랍고 놀라운 일입니다.

바나바훈련 수료를 마치 기다리기라도 한 듯 교회의 시험들이 하나씩 터지기 시작했습니다. 그렇지만 그렇게 두렵지 않았습니다. 기도하면서 주님께 맡기며 나아갔고, 2005년 12월 31일로 몇 가지의 교회의 시험들이 해결되는 주님의 은혜도 체험하게 되었습니다.

끝으로 바나바훈련을 통해서 그 동안의 저의 가치관과 생각, 그리고 드러나는 사역 속에 많은 변화를 경험하고 있습니다. 소극적이며 자존감이 낮았던 제가 이제는 성가대 중보기도 모임을 만들어 인도하고 있으며, 두 주전부터는 여전도회 기도 모임을 이끌 정도로 성장했습니다.

훈련원에서의 기도훈련이 나약한 저를 이렇게 성장시켜 놓았습니다. 그러면서 더불어 나 자신을 죽이는 훈련 또한 계속하고 있음에 주님께 감사를 드립니다. 정말 많이 노력하고 있습니다. 바나바훈련에서 배운 그대로 온전히 실천은 하지 못하고 있지만 무지 무지 애쓰며 노력하고 있으니 조금씩 틀이 잡혀가지 않을까요? 이제야 제가 남편 목회사역에 뭔가 도움이 되어주는 것 같아서 마음도 뿌듯합니다.

지금의 이 은혜 잊지 않고 계속되어지기를 간절히 소망합니다. 하나님 감사합니다. 그리고 모두들 사랑합니다!!

| 바나바훈련생 간증 모음 |

"신체 구석구석의 통증에서 깨끗이 고침을 받았습니다."

손금자 성도 예닮교회

담임목사님과 사모님의 영향으로 바나바훈련원에 대한 막연한 동경심이 있었습니다. 지난 해 12월 말 목사님으로부터 "바나바훈련원에 가시죠?"라는 제안에 순종해서 해가 될 것은 없다는 생각으로 짧은 시간동안 영성훈련을 준비하게 되었답니다. 최소한 남들 받는 것만큼의 은혜는 나도 받겠다는 생각을 하면서 말입니다.

드디어 바나바훈련원! 이곳에 와서 정말 오랜만에 행복한 감사의 눈물을 흘리게 되었습니다. 찬양 속에 거하시며 나를 만나 주시는 주님, 하나도 빼놓고 싶지 않은 바나바훈련원 강사 목사님들의 보석 같은 말씀들…….

하지만 처음부터 은혜가 되었던 것은 아니었습니다. 평상시에 조금 피곤하면 나타나는 신체 구석구석의 통증들이 저마다 들고 일어나는 것이었습니다. 편두통, 무릎, 어깨, 척추의 통증으로 귀한 말씀이지만 길게만 느껴지고 은근히 짜증까지 나는 겁니다. 하지만 첫날 밤 조별로 모여서 기도한 뒤 아침에 일어나 보니 머리가 개운하고 상쾌했습니다.

내 병을 아는지라 두통약을 챙겨왔습니다. 피곤하면 나타나는 편두통, 그리고 두통약으로 이어지는 공식이 그날 아침에 깨어졌습니다. 그리고는 지금까지 아프지 않습니다. 사랑의 중보기도의 능력과 그 결과였습니다.

더욱 놀라운 것은 무릎, 어깨, 척추 어느 곳도 아프지 않는 것입니다. 일시적인 것이 아니고 깨끗하게 하나님께서 고쳐주셨음을 믿습니다. 그리고 또 하나, 치질로 인해 불편함이 있었는데 이곳에 와서 치료받았습니다. 할렐루야!

육신이 강건해 진 것도 은혜요, 그 보다 더 큰 축복은 영적인 변화입니다. 나의 교만한 마음을 깨어지게 하신 주님께 감사드립니다. 올바른 영성에 대한 이해와 삶의 목표가 분명해졌습니다. 그동안 접었던 Quite Time을 다시 시작하게 되었습니다.

산 기도를 통하여 정말 나의 나약함을 발견하고 오직 하나님만을 바라보게 하신 주님을 찬양합니다. 하나님께서 내게 요구하시는 것이 무엇인지 선명한 깨달음을 주심이 얼마나 큰 기쁨인지요! 나의 내면의 자존감을 회복시켜 주심도 감사드립니다.

특별히 정말 하나님을 사랑하고 헌신된 분들과의 축복된 만남은 오래도록 기억에 남을 것입니다. 조별 모임 시간에는 저마다의 받은 은총과 사랑에 대해 고백하고 나눌 말들이 왜 그리 많았는지요! 모두가 그리울 것입니다.
　지금은 마음이 벅찹니다. 돌아가서 정말 열심히 해야 할 것입니다. 지금의 이 마음을 유지하려고 애쓸 것입니다. 수시로 강의 시간에 적으며 들었던 말씀을 꺼내보며 마음과 생각을 지킬 것입니다. 끝으로 바나바훈련원을 섬기시는 모든 가족들 진심으로 사랑하고 감사하고 축복합니다.

| 바나바훈련생 간증 모음 |

"너는 복의 근원이 될지라!!!"

이천희 목사 제 29기 북성실 교회

저는 바나바 훈련원에 대하여 전혀 사전 지식이 없이 아는 목사님의 권유로 등록하게 되었습니다. 그분의 열심 있는 권유에 마음 없이, 뜻 없이, 바나바 훈련원에 학생으로 입소하게 되었지요. 입소를 결정 할 때에 저는 목회사역을 무척 힘들어하고 있던 중이었지요. 개척 14년차의 목회로 피로가 무척 많이 쌓여 있는 때였지요. 목회에 권태도 느끼게 되었고, 특히 하나님께 대하여도 서운함 마음이 가득 차 있었지요. 얼마나 하나님께 대한 불만이 쌓였던지 반항적이었고, 불공평하게만 느껴졌답니다.

그리고 왜 성도들이 그리 서운한지요. 교인들로부터 받는 시험 또한 저를 목회에 염증이 나게 하였어요. 참 사람에게 시달리는 것 괴롭더군요. 꾹 참고 있던 아내마저도 사람에게 시달리는 고통에 대하여 회의적이 되었지요. 그리고 설교하는 일에 힘을 잃고 있었습니다. 정말이지 예배 시간에 은혜 없이 행해지는 예배란 숨이 막히더라고요. 그래서 제 자신에게 질문하게 되었습니다. 사명으로 목회를 하고 있는가? 직업으로 하는 목회인가? 하는 질문을 하게 되었습니다.

그런데 그 당시에 느끼는 마음은 사명 목회를 해야 하는데, 직업 목회는 아닌데, 목회는 너무 힘들게 느껴지고 그렇다고, 사명감에 목회를 못한다면 그만 두자니! 솔직히 식생활이 자신이 없었습니다. 이런 목회에 자신을 잃고 있는 상태에서 3월에 바나바에 입학을 하게 되었습니다.

서울에서 월요일이면 목회자 세미나가 여러 곳이 있습니다. 그래서 열심히 참여하여 보았지만 저의 목회에는 그리 힘이 되지를 못하였습니다. 어느 경우에는 도리어 열등감이 들어서 자신을 학대하고, 여건을 탓하기도 하였습니다.

그래서 세미나에는 발을 끊고 있는 중에 바나바에서의 공부는 저의 마음을 조금씩 열어 주었습니다. 예전에 경험했던 배움과는 다르다는 마음이 들었습니다.

그리고 저의 마음에 바나바에서의 가르침이 학적이거나 교리적인 수업이 아니고, 성경 말씀에서 나온 원리이고 그 가르침이 쉽고 마음에 깨달음을 수었습니다. 사선 시식이 없이 배우디

왔는데, 시간이 지나면서 잘 왔다는 마음을 갖기를 시작하였습니다.

그런데 새롭게 알게 된 사실이 있었습니다. 이곳에 오신 목사님들과 사모님들 마음에 목회에 대한 아픔이 있다는 것이었습니다. 저는 저만 그런 줄 알았습니다. 그 아픔은 다들 열심히 목회를 하고 계신데 교회가 성장이 안되고, 목회에 지침과 낙담이었습니다.

그래서 생각한 것이 우리가 모이는 동안에는 웃어야 되겠다고 생각했습니다. 그래서 그런지 여러 목사님들과 재미있게 웃으며 지낼 수가 있었습니다. 저는 지금도 느낀 점이 있습니다. 자칫 목회자들이 모이면 자랑하기가 쉽다는 것입니다.

어느 목사님은 목회를 잘 하시는 분도 계시지만, 저같이 목회에 어려움을 호소하는 목회자 분들도 계셨습니다. 그래서 자랑은 하지 말고, 은혜 되는 이야기를 나누었으면 좋겠다고 생각했습니다. 왜냐하면 여기에서조차도 상처받기는 싫었습니다. 자랑의 말은 상처가 되지만 은혜가 되는 말들은 위로와 힘이 되지 않을까요?

그래서 마음에 생각한 일이 있었습니다. 이곳에서 가장 밑바닥부터 봉사하는 일에 참여하기로 하였습니다. 그래서 순서가 아니어도 주방에 들어가 주방 봉사를 하며 목사님들의 이야기를 많이 듣기로 하였습니다.

한 달 두 달 이곳에서의 배움이 재미있고 좋았습니다. 또 정이 들기도 하였습니다. 그런데 몇 달 전부터 이곳 훈련원에 내려오게 되면 안수집사님이 한 분씩 교회를 떠나게 되는 것이었습니다.

3개월을 계속해서 안수집사가 이런 저런 이유로 나가는데 마음이 정말 힘들었습니다. 특별히 가슴 아픈 일은 교인들이 교회를 떠나게 되는 이유가 사적이고 감정적이지 말씀에 서있지 못하다는 것에 목회의 힘을 잃게 만들었습니다.

우리 목회자가 설교 준비를 할 때에 잘 못하는 분이든, 부족한 분이든지 그래도 열심히 준비해서 외치지 않습니까? 그런데 그리 많은 말씀을 외쳤는데, 말씀에 선 믿음이 아니고 여전히 감정에 서 있더라는 것이었어요. 정말 설교를 어떻게 해야 하는지 막막하였습니다. 그리고 바나바에 공부하러 오려고 하는 때에 꼭 이런 일이 생기는 것이었습니다.

그래서 훈련을 포기할까도 생각하였습니다. 그래도 아픈 마음을 가지고 교육을 받으러 왔습니다. 9월의 첫 강의 시간에 기도를 하는데 하나님께서 이런 마음을 주셨습니다. 네가 이곳에 와서 안수집사가 떠나는 것이 아니고, 네 아픈 마음을 치료하고 목회에 용기를 주시려고 이곳에 오게 하셨다는 말씀이었습니다.

"그렇구나! 하나님께서 나를 이곳에서 위로하고 목회의 힘을 더해 주시려고 보내셨구나."

　여러분 아시잖아요. 교인 한 분이 옮기면 마음이 얼마나 아픈지 말입니다. 교회를 위해 함께 헌신할 것으로 알았던 안수 집사님이 떠날 때에 그 심정 말입니다. 그런데요 이곳에서 배우면서 내가 기도와 말씀 연구보다 엉뚱한 곳에 더 신경을 썼다는 것을 알게 되었습니다.

　그 지겹게 읽어오라고 내주는 독서 목록의 책들은 강의를 듣고 깨닫는 데에 도움이 되었습니다. 특히 목회자가 말씀묵상과 기도하는 일에 전무하는 것이 가장 중요한 것임을 실감하게 되었습니다. 또한 이강천 목사님의 오직 하나님을 의지하시는 믿음과 말씀 묵상에서 나오는 가르침의 능력이 도전이 되었습니다. 그리고 세계비전에 대한 중요성을 알게 되었습니다. 이러한 은혜를 허락하신 주님을 찬양합니다.

묵상노트

묵상노트

묵상노트